U0466853

陪孩子一起成长

PEI HAIZI YIQI CHENGZHANG

【美】简·兰卡

滕云飞　王伟绪 /编著

时代出版传媒股份有限公司
安徽文艺出版社

图书在版编目(CIP)数据

陪孩子一起成长/(美)简·兰卡,滕云飞,王伟绪编著.—合肥:安徽文艺出版社,2016.7
ISBN 978-7-5396-5804-9

Ⅰ.①陪⋯ Ⅱ.①简⋯ ②滕⋯ ③王⋯⋯ Ⅲ.①婴幼儿-家庭教育 Ⅳ.①G78

中国版本图书馆 CIP 数据核字(2016)第 165611 号

出 版 人：朱寒冬
责任编辑：汪爱武　刘　畅　　　　装帧设计：徐　睿

出版发行：时代出版传媒股份有限公司　www.press-mart.com
　　　　　安徽文艺出版社　　www.awpub.com
地　　址：合肥市翡翠路 1118 号　邮政编码：230071
营 销 部：(0551) 63533889
印　　制：合肥星光印务有限责任公司　(0551)64235059

开本：700×1000　1/16　印张：11.5　字数：150 千字
版次：2016 年 7 月第 1 版　2016 年 7 月第 1 次印刷
定价：36.00 元

(如发现印装质量问题,影响阅读,请与出版社联系调换)

版权所有,侵权必究

目　录

序言 / 001

第 1 部分　家庭是人生的基石

第 1 章　教育应遵循孩子的成长规律 / 003

第 2 章　智商和情商都是家庭教育的重点 / 013

第 2 部分　健康成长的基本需求

第 3 章　儿童青少年成长的特点 / 033

第 4 章　成长的营养需求 / 053

第 5 章　成长的运动需求 / 068

第 6 章　成长的睡眠需求 / 078

第3部分　激发成长的内在动力

第7章　童年经历塑造未来 / 091

第8章　家教适龄才能事半功倍 / 100

第9章　内在动机是成长的驱动力 / 115

第10章　创造温暖支持型家庭环境 / 125

第11章　他们为什么学业不良 / 134

第4部分　从家庭走向社会

第12章　自尊是健康成长的灵魂 / 149

第13章　不以规矩，不能成方圆 / 156

第14章　不要用骂的方式说爱我 / 164

第15章　社会实践是成长必不可少的过程 / 172

序　言

　　父母是一种特殊职业,工作职责要求他们既当孩子的第一任老师,又当烹饪师、营养师、摄影师、设计师、医护师……他们要不辞辛苦,每周7天,每天24小时全年无休地工作,而唯一的报酬就是看着孩子慢慢成长并最终离开自己建立新的家庭。看到孩子成长后能够获得美好幸福生活,是每一位父母的欣慰所在。然而,并不是每一个孩子都能成长为父母心目中所想象的形象,并不是每一个孩子成年后都具备创造美好生活的能力,并不是每一个孩子都能在成年后建立幸福美满的家庭。成长是一条单行道,有着太多的影响因素,如果没有正确引导和及时纠正成长轨迹,孩子们就会越偏越远。

　　成年后的生活状态是智力水平和性格特点的综合体现。0~7岁是孩子成长过程中重要的时期,这个时期奠定了每个人生活习惯、性格品行养成、言语能力习得以及智力发展的基础。家庭环境和父母教养方式是影响孩子早期成长的重要因素。家庭教育对儿童的智力发展和性格养成起着决定性作用。从出生第一天起,家庭教育就已经开始,越早开展家庭教育,就越有利于儿童智力发展,因为大脑的发展存在敏感期和关键期。但是家庭教育并不是简单的知识、技能教育,更不是对幼儿进行小学化教育。成长不是百米冲刺而是人生的马拉松,教育应该遵循教育本身以及儿童的身心发展规律,否则可能抑制其智力发展,使孩子丧失学习的兴趣和动力,导致孩子赢在起跑线反而输在人生长途中。养育子女非一朝一夕之工,随着孩子逐渐成长,教育子女的方式也应该根据孩子的身心发展特点做出调整和改变。并不是每位父母都是教育学和心理专家,似乎在育子过程中的一点点差错对子女的成长并没产生严重的影响,但是一点一滴的家庭生活却在不断塑造着孩子的智力和性格。随着孩子不断成长,学业问题、家庭冲突、心理问题等逐渐显现,而这些问题的根本原因则来自早期家庭教育。

在孩子生命的早期阶段,家庭给他们提供了基本的物质保障并教会他们基本的生活技能。父母开启了他们的智力发展大门,让他们的语言、运动、情绪等技能逐渐得到养成,具备了参与社会生活的基础。而后家庭又教会他们基本的行为规范以及基本的道德意识和价值观,让他们在探索自我的过程中积极地融入社会,不断调节自我和社会意识,最终从懵懂无知的天真孩童成长为意气风发的睿智少年。青少年的成长注定是不平凡的历程,而家庭奠定了儿童一生发展的基础!通常,优秀孩子成为优秀人才的背后,总能找到温馨和谐家庭的影子;同样,一个不健全的人格,也可从其家庭中找到充满矛盾和冲突的因素。

本书共四部分计15章内容,为将为人父母的家长或正为育儿犯愁的家长提供一些参考,以帮助父母改善家庭成长环境质量,让家庭环境更有利于孩子的成长。第一、二部分首先讲述儿童健康成长的规律特点与基本需求,让父母了解家庭教育的重要性以及儿童健康成长的三大生理需求:营养需求、运动需求和睡眠需求。第三部分按照年龄段讲述不同阶段孩子身心发展特点以及适合各阶段的教育方式,帮助家长采用适龄教育法,培养子女内在成长动机,正确对待学业问题。最后一部分表明教育的最终目的就是全面提高孩子的智力水平,最终让孩子具备职业和社会技能,从而走出家庭,融入社会。因而社会教育也是成长的必要经历。当孩子进入青春期后,父母就应该学会放手,给予孩子更多的主动权,为他们创造更多的社会学习机会,为孩子从家庭走向社会提供指导。

本集团编辑此书供父母参考,望以此为起点,探寻让孩子更健康、全面、幸福成长的家庭教育之道。父母陪孩子一起成长才是最佳的育子方式。

创美教育集团

第 1 部分
家庭是成长的基石

第1部分
家庭是人生的基石

第1章
教育应遵循孩子的成长规律

看着你一点点长高,一点点长大懂事,我们的心中充满了无比的幸福和甜蜜。你是这个世界带给我们最好的礼物!孩子,爸爸妈妈能为你做很多,因为你是爸爸妈妈的一切。但是我们还是希望你能够明白,路还需要自己走,你一定会遇到坎坷崎岖,甚至遇到难以逾越的沟壑,你要学会坚强,相信自己一定能走过去。当你走到十字路口时,你一定要冷静,因为有些事还需要由你自己做出那些重要的决定。将来你要承担社会的责任、家庭的责任、工作的责任;对家人、亲戚、朋友、同事都要有一颗宽容的心。为此,我愿你的生活永远和谐,在人生的道路上,你总能做出正确的决定。我希望你能健康成长,将来长大成人,成为一个对社会和国家有用的人才。

——一位母亲对孩子的寄语

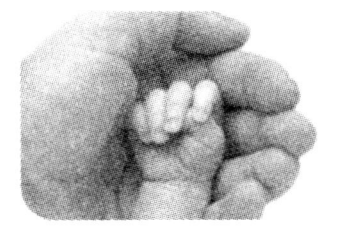

Look, how small and lovely hand it is!
比一比,才这么大一点,肉乎乎的小手多可爱呀!

Wow, she can walk by herself. Smart girl!
哎呀,她已经学会走路了,多聪明的小家伙!

Mom, I love painting, I love painting!
妈妈，我超爱画画，超爱画画的！

We grow up!
我们长大了！

人的一生需要经历三种教育，按照时间进程看，分别是家庭教育、学校教育和社会教育。家庭教育教会孩子基本的生活常识、行为规范以及道德意识和价值观；学校教育则教会孩子文化知识和社会技能，为孩子打好职业生涯基础；而社会教育则使得个人的情感更加丰富、道德体系更加完善。在每个人能够独立生活前，家庭是个体成长的主要环境，孩子的全部生活始终与家庭有着密切的联系。在这个过程中，父母的言行有意无意间决定了孩子的智力水平并塑造了孩子的性格特点。与学校教育、社会教育相比，家庭教育是个人成长的基石。俗话说，"父母是孩子最重要的老师"，孩子从一出生下来，父母就和孩子在一起，孩子的生活习惯、心理健康都受到父母的熏陶和感染，其影响作用是非常巨大的。

人一生的教育包括三个层面

	家庭教育	学校教育	社会教育
教育内容	基本生活技能 基本行为规范 性格与情感 基本道德意识和价值判断	文化知识 社会技能 培养人生观、社会观和价值观 建立职业生涯基础	课余活动，体育锻炼，兴趣班，志愿活动，社区服务，参观科技馆、博物馆等
教育模式	父母言传身教	课堂学习 社团活动	自发式为主

续表

	家庭教育	学校教育	社会教育
教育目的	通过家庭生活与人际交往获得知识经验,养成伦理道德和文明习惯,在此基础上走出家庭,步入社会	使学生智力发展从感性到理性、从形象到抽象进步,学会基本的社会技能,建立职业生涯基础	使个体在自身能力、感情道德的发展上更加成熟完善,成为一个独立的个体和社会人

教育和儿童青少年的成长有着它们本身的发展特点,不遵循教育的发展规律,只会带来适得其反的效果,甚至会误入歧途,给儿童青少年、家庭和社会带来严重的影响。中国传统文化喜欢少年早慧、比同龄人更优秀,通常的做法就是给予孩子超过其年龄段能接受的知识教育。特别是在独生子女的环境下,很多家长对于早慧儿童和超前教育、天才教育倾注了太多的热情,在对孩子的情感状况、能力以及兴趣等缺乏深入了解的情况下,给孩子报多种兴趣班。这花费了大量时间和精力,却收效甚微,甚至加深了家庭亲子冲突。

童年的经历对儿童的智力发展起着至关重要的作用,但这并不意味着在学龄前就要对孩子进行小学知识的教育。很多家长认为,孩子只有在幼儿园会写很多的字、会背很多的诗歌、会进行加减乘除法的运算才算聪明,家人才能在朋友同事之间更有面子,更有甚者认为孩子的知识基础打得越早越好,这样更有利于孩子在小学中取得更好成绩。然而根据儿童心理学家、认知发展学家让·皮亚杰的研究,2~6岁左右的儿童认知水平处于前运算阶段(pre-operational stage)。这个阶段的儿童思维特点是以自我为中心,他们不能从别人的观点或角度看事物。因此幼儿的早期教育的重点应该通过游戏让学习社会化,让他们逐渐具备社交能力和社会意识。孩子到5岁以后才能形成抽象的数字概念,太早学习加减法则,不仅效果不好还会令他们失去学习的兴趣。另外,单一的知识技能学习,还会阻碍少儿的大脑神经发展。幼儿的神经可塑性处于一生中最强时期，只有经常被刺激的神经元和突触才能存活下来，而不经常被刺激的神经元细胞所连接的突触就会消失或者丧失功能。

联合国儿童基金会幼儿教学推荐材料《猜猜我是谁》

职业

幼儿的教育主要通过游戏的方式进行。例如可以通过识别各种情绪，逐渐学会如何与同伴友好相处，以及合理表达和控制自己的情绪。

1. 由一名同学从卡片中抽出一种，其他同学不可以看到卡片的内容

2.抽到卡片的同学使用肢体语言表达出词语的意思,不允许说话

3.本组其他同学用 1 分钟的时间猜出卡片上的词是什么

4.如果本组同学无法在 1 分钟内猜出词语,则由另外一组同学来猜,猜出来正确答案的小组得到 1 分。

对于经典的鸡兔同笼问题,不同解答过程代表着不同的思维能力,小学生的数学思维能力中形象思维占主导,学生通过列表,列出不同鸡兔的组合方式能够找到答案,思维过程简单,但是耗时较长。初中时学生已具备了抽象思维能力,把事物的内容和形式分离出来,从经验向理论转变,能够通过假设的方法,把问题符号化。高中阶段假设演绎推理能力增强,学生通过对事物的逻辑关系分析内在含义。如果不考虑儿童青少年的认知发展特点,从成人的角度出发,对孩子进行教育,孩子是难以理解的。

	鸡兔同笼问题:有若干只鸡兔同在一个笼子里,从上面数,有 35 个头,从下面数,有 94 只脚。问笼中各有多少只鸡和兔?
小学	列表法,形象运算
	<table><tr><td>腿总数</td><td>鸡的数量</td><td>兔的数量</td></tr><tr><td>……</td><td>……</td><td>……</td></tr><tr><td>90</td><td>25</td><td>10</td></tr><tr><td>92</td><td>24</td><td>11</td></tr><tr><td>94</td><td>23</td><td>12</td></tr></table>
初中	代数法,抽象运算
	解:设兔有 y 只,则鸡有(35 − y)只。 $y \times 4 + (35 - y) \times 2 = 94$ 解得 y = 12 鸡:35 − 12 = 23(只) 兔:(35 − y) = 35 − 23 = 12(只)

续表

高中	演绎法，逻辑推理
	鸡两只脚，兔子四只脚，都是一个头；兔子比鸡每多1只，就多出两只脚；
	35个头至少对应 35×2=70 只脚，多出了 94-70=24 只脚；
	多出来的就是兔子的脚，兔子脚刚才已经算了两只，每个兔子仍有两只脚没有计算，所以兔子数量 =24÷2=12 只；
	鸡的数量 =35-12=23 只。

在现实的环境下，任何关于教育的话题，一定绕不过"中考"和"高考"两座大山。每个家庭都对子女的成长倾注了大量的心血，在优质教育资源紧缺的现实下，父母的努力更多是帮助孩子获取更优秀的教育资源。进入一所优质大学就需要翻过"高考"这座大山，而进入知名高中则无疑保障了高考的胜算。但是进入知名高中则又要通过"中考"这个战场。可是中考之前还有"幼升小"和"小升初"两道门槛，于是对子女的教育就演变成了"不能让孩子输在起跑线上"。在这一条战线上，分数才是"硬通货"。应试教育的大环境下家长们一边心疼孩子压力大、睡眠少、不幸福；另一边又无奈地、不由自主地沦为应试教育的"帮凶"，狠抓分数，家庭成了学校以外的另一个教室！一切活动都要给作业让行，家长常紧跟着孩子，只有完成了作业才能进行其他活动。对子女的教育本该是一件快乐和幸福的家庭活动，不知不觉却成了父母和子女的负担，甚至还要牺牲掉孩子身心健康、性格养成以换取应试教育的单方面"成功"。

在中考和高考的指挥棒下，家庭教育更多承担了学校教育的责任而忽视了对儿童早期智力和情感的培养。通过努力获得更优质的教育资源，得到更好的成绩，无论如何都是正确的选择。毕竟教育才是人生回报率最高的投资。一项对全国32个城市的调查显示，学习成绩是父母最关心的子女成长问题，其次才是身体健康、兴趣培养等内容。当孩子成绩不理想时，分数只是一种直观的表现，因此，以分数来代表孩子的成绩，往往会掩盖孩子成长过程中更深层次问题。如果只是简单地通过强化补习来提高成绩,通常都会收效甚微。孩子认识不到学习的重要性,缺乏学习的内在动机;对学习和阅读没有兴趣;性格懦弱,不善于也不敢向他人寻求帮助;极少受到表扬鼓励,缺乏自信;家庭生活过于严苛,缺乏自由,自我意识和自尊心脆弱等。以上才是成绩不理想的根本原因,而这些都属于家庭教育的范畴。孩子的分数就像成人的收入一样,具有非常重要的作用。但是忽略了孩子的心理、情感和性格等问题,而只关心分数,反而更不利于孩子获得更好的成绩。就像我们叫不醒一个装睡的人一样,如果孩子本身不主动参与学习或者学习缺乏效率,那么成绩就很难保持优秀。正如对于童年的我们来说,早起上学是一件很痛苦的事情,但是如果第二天学校组织了春游,即使前一天睡得很晚,第二天早上也能准时甚至早起。在家庭教育实践中,父母承担的更多的是对孩子性格与情感养成、内在动机和自尊的培养。这些才是取得良好成绩的保障,更是终生成长的宝贵财富。

扫一扫,了解更多:
中国式教育的特点

尽管家庭教育是人类一生中最重要的教育,但是大部分父母都没有接受过科学的训练、科学的育儿知识的培训,只是在学校家长会中得到教育工作者有限的指导,而且这种指导更多是与知识学习和应试教育相关,忽视了对儿童及青少年情感和心理上的关心和教育。每个父母都理解教育对孩子的重要性,但是在教育孩子的方法上则缺少科学高效的方法。当面临子女的教育问题时,父母更多是从孩子身上找问题,把责任更多推向孩子,抱怨孩子"上课不认真听讲,所以成绩差""孩子不懂事,不理解父母的艰辛""孩子性格太内向、打骂不得"等等。孩子的成长出了问题,原因有可能出自学校与社会,但更本质的原因一定在于家庭。而从家庭中找原因,往往问题又出在早期教育上。当孩子出现问题或者感觉对孩子的教育感到无力时,作为父母,我们有没有去了解过孩子身心成长的特点,并及时学习科学有效的教育方式呢?我们的调查资料表明,如果父母不了解孩子身心成长特点,没有正确的家庭教育理念和方式,就会出现以下教育问题:

■ 生活方式不健康

据统计,20岁以下的中国男孩中,有23%超重或肥胖,女孩中该比例为14%。这些数字远远超过了包括日本和韩国在内的其他高收入国家。不合理的饮食习惯和多坐少动的生活方式,增加了成年后慢性疾病的发病风险。缺乏运动是造成约21~25%的乳腺癌和结肠癌、27%的糖尿病和30%的缺血性心脏病负担的主要原因。

对于儿童而言,生长激素是身体发育的关键调节激素,而生长激素在睡眠状态下分泌明显增加,主要在晚上11点到凌晨2点分泌。因此,经常熬夜会严重干扰生长激素的分泌,进而影响生长发育。中国青少年研究中心的一项调查显示,中国中小学生的平均睡眠时间为7小时37分,比国家规定的时间少近90分钟。青少年处于性成熟的阶段,身体内激素分泌旺盛,睡眠不足会导致内分泌的紊乱,进一步影响学习效率。养成良好的作息时间,能够稳定生物钟,使机体处于高效运转状态。以牺牲睡眠质量来换取学习时间的方式往往只能适得其反。

■ 对子女缺乏了解,不善于进行亲子沟通,容易发生亲子冲突

很多父母没有根据子女的成长及时调整对其的教育方式。一方面,父母缺乏对子女的正确了解,总是把子女当成"小孩子"看待,对子女缺乏新的认识和了解,特别是心理特点所产生的变化。另一方面,父母不善于进行亲子沟通,没有合理地表达对子女的爱,导致父母的行为得不到子女的认同,家庭生活中代沟明显。父母对子女的约束和管教往往演变成亲子冲突,增加家庭矛盾。

■ "关心过度",对子女期望太高,抑制子女社会意识和技能的发展

一方面,父母的教育素质欠缺,但是对子女却抱有非常高的期望,超出

子女的能力承受范围。不少家长把自己的心愿、价值观强加给子女,通常采用高压教育方式企图引导子女沿着父母设定的道路前行,但是父母本身又可能缺乏相关的教育素质和能力。家长对子女的过高期望与自身素质欠缺的失调引起青少年在家庭生活和家庭教育环境下的种种烦恼,心理压力巨大,严重时会产生行为失常、焦虑、孤独,甚至轻生等心理健康问题。

另一方面,父母对子女的教育操心过度,甘愿牺牲自我工作、生活,对子女的处事、学习、前途,以至生活方面提供无微不至的照顾,导致子女缺乏独立性并产生严重的依赖心理。个人的发展是自我意识和社会意识的全面发展和完善,父母对子女的过度关心和呵护,不利于子女情感智力的发展,导致子女的心理承受能力差,缺乏必要的社会实践,社会意识薄弱,社会适应能力差。

家庭教育是学校教育和社会教育的基础,是人生成长的基石。中国家长并不擅长和子女沟通交流,尤其是面对青春期儿童青少年,家庭关系会出现紧张的局面。与西方国家相比,中国家庭教育严重缺失。中国家长在家庭教育中更多只是停留在物质层面,较少深入到精神层面。中国的基础教育面临着中考和高考两座大山,学校教育注重知识层面,导致中国学生社会意识(social awareness)普遍不强和社交技能(relationship skills)普遍不高。

因此家长迫切需要:

了解孩子不同时期的生长发育特点,提供营养健康饮食;

了解孩子不同时期的认知发展特点,培养孩子兴趣,发掘孩子潜能;

了解孩子不同时期的心理发展特点,改善沟通交流方式,给予更多心灵关怀;

引导孩子养成健康积极的生活方式,提升人生软实力;

促进孩子学业表现,提高综合素质能力;

引导孩子自尊自爱,促进其从家庭、学校向社会身份转变;

最终赋予孩子创造美好生活的能力!

参考文献

1. 关冬生,关淑凡,石军. 青少年社会教育与学校教育、家庭教育的比较研究——以广东为例[J]. 中国青年研究,2013,03:9-13+20.
2. 金日勋. 幼儿教育小学化倾向的表现、原因及解决对策[J]. 学前教育研究,2011,03:41-43.
3. 沙燕. 幼儿园教育小学化的冷思考[D]. 山东师范大学,2008.
4. 王增收. 幼儿园园长视角中的学前教育小学化问题研究[D]. 华东师范大学,2013.
5. 孙艳玲. 青少年负面身体自我对其自尊与学业成绩影响的研究[D]. 江西师范大学,2009.
6. 岳圆嫄. 青少年自我概念发展特点、与学业成绩关系及其跨文化比较[D]. 辽宁师范大学,2013.
7. 袁彬,李彩娜. 青少年学习动机的特点及其与家庭功能的关系[A]. 中国心理学会. 第十一届全国心理学学术会议论文摘要集[C]. 中国心理学会,2007:1.
8. 邹强. 中国当代家庭教育变迁研究[D]. 华中师范大学,2008.
9. 洪明. 当前我国家庭教育的焦点难点问题透视——基于600份家庭教育咨询案例分析[J]. 中国青年研究,2012,11:55-59+79.
10. 黄小勇,黄菜方. 中美家庭教育的比较及启示[J]. 武汉理工大学学报(社会科学版),2009,04:101-104.

第 2 章

智商和情商都是家庭教育的重点

某 985 重点大学大四毕业生的自白：

亲爱的爸爸、妈妈，从小到大我一直是家里的乖孩子。上小学的时候我就知道家里条件比不上其他同学，你们为了工作和生活总顾不上陪我，我不希望你们以后一直那么辛苦，所以想要改变我们的生活处境，我唯一能做的就是将来考入一所好大学，之后找个好工作，以为那样才能改变我们的生活条件。所以我很努力地学习，认真对待每一次考试，从初中一直到高考，考试几乎没让你们失望过，也如愿考入多少人梦寐以求的名牌大学。

但即将大学毕业的我，找工作却一次又一次地失利，这些优秀企业看重的全是我在课堂上没学到的东西，为什么？那些平时成绩不怎么样的同学，他们为什么能在面试的时候那么自信？为什么他们对每个面试的问题都能有自己的想法，我却什么都说不出来？这让我非常困惑也让我反思，我一直是个好学生，从不做出格的事情，这么多年的努力学习却得不到一个好的结果，为什么？

在传统的学校教育和家庭教育中，父母和老师更加侧重于知识技能的获得，重点发展学生的数理逻辑推理和语言理解智力，因为上述两种能力的发展和中、高考直接相关。第二次中国家庭教育调查显示，目前父母过于关注孩子的学习，七成以上的父母为使孩子获得更好的成绩而选择"陪孩子写作业"。这种只针对孩子学习的关注，使得孩子智力因素如判断力、领导力、社交及人际能力、艺术、体育等方面的能力往往被父母和教师忽略，因而他们在童年早期很少对孩子进行这类智力的培养。然而这类能力和个人成就、幸福感关系实则更加密切。以企业招聘流程为例,企业只是通过数理逻辑推理和语言理解能力进行第一轮笔试筛选,真正决定候选者能否获得工作机会的在于第二轮的面试。第二轮面试环节则侧重对候选者判断力、领导力、社交以及人际能力等的考察。因此,父母不应只关注对孩子数理逻辑推理和语言理解能力的培养,因为人类智力的体现不止在这一方面,应该在收获成绩的同时,培养孩子的兴趣,养成其热爱运动的生活习惯,促进孩子的全面发展。

■ 某世界500强外企招聘第一轮笔试

1. 日晕和月晕常常出现在卷层云上,当卷层云后面有一大片高云层时,往往是暴雨的 （　　）
   A. 预兆　　　　B. 先兆　　　　C. 征兆　　　　D. 兆头

2. 下面有成语的一句是 （　　）
   A. 这种新式的电动自行车,最高时速可达60公里以上。
   B. 电子商务能否快速发展,并广泛渗透到各行业中去,关键在于能够加速训练并造就一批专业人才。
   C. 通过出国留学,使我们开阔了眼界。
   D. 清晨,雄鸡报晓三更时分,我就起床出发了。

3. 1,3,3,6,5,12, （　　）
   A. 7　　　　　B. 12　　　　　C. 9　　　　　D. 8

4. 一只蜗牛想爬上一棵高6米的树顶上吃树叶,它白天向上爬2米,晚上向下滑1米,那么它需要多少天才能吃到树叶 （　　）
   A. 4　　　　　B. 5　　　　　C. 6　　　　　D. 永远不可能

5. 问号中的图形是（　　）

选自某世界 500 强外企笔试题目。答案分别是 1. C；2. D；3. A；4. B；5. E。

■ **某世界 500 强外企招聘第二轮、三轮面试**

选自某世界 500 强外企面试资料。

求职第二轮：无领导小组讨论

每小组 5~10 人，经过 30 分钟讨论达成一致意见，并推荐一名代表向面试官进行 5 分钟陈述。

情景：

在茫茫冰海上，一艘客船触礁沉没，在沉没前，有七个人登上了救生艇，分别是身体受伤但神志清醒的老船长、戴罪潜藏在客船上的水手、独臂少年、未婚的孕妇、年轻女子、主持国家重大经济项目的老专家、经验丰富的老医生。这七个人在惊恐中发现，救生艇只能承受三个人的重量，如果不能在二十分钟内决定哪四个人离开，小艇就会沉没，七个人都无法生存。

问题：请大家进行讨论，哪三个人留下？

求职第三轮：高管/人力资源部门面谈

简述自己的基本情况

对行业、社会热点的看法

对公司的了解情况

薪酬福利等

智力是个人成就的基础，但是人类智力不止一种

大脑的功能之和构成了人类的智力。在生活中，我们通常认为理解力强、接受知识快、反应灵活的孩子更加聪明，智力水平更高，然而聪明、接受能力强和智力之间并不能画等号。智力是在大脑的主导下，通过观察、注意、记忆、想象和思考掌握和学习知识技能，解决实际问题，创造社会需要的

有效产品的能力。人类的智力其实是多元的(multiple intelligences)。人的智力包括语言智力、逻辑—数理智力、视觉—空间关系智力、音乐—节奏智力、身体—运动智力、人际交往智力、自我反省智力、自然观察者智力和精神—存在智力等九种。人类每种智力并不是单独自存而是紧密相关的,只是每种智力发展水平不尽相同,有些人一种智力很好,另一种却可能很差,因此每个人的智力优势各不相同。

智力类型	智力特点	适合职业
语言	对语言的理解和使用的能力; 能言,善辩,喜欢写作、读书	作家、编辑、记者
空间	感受、辨别、记忆、改变物体的空间关系并借此表达自己思想和情感的能力; 对线条、形状、结构,色彩和空间关系敏感	工程师、雕塑家、建筑师、画家
数理逻辑	个体运算和推理的能力; 对事物间各种关系如类比、对比、因果和逻辑等关系的敏感	金融家、律师、科学家
音乐	理解音乐中情感因素,通过作曲、演奏和歌唱等表达自己思想和情感的能力; 对节奏、音调、音色和旋律敏感	音乐家、作曲家
运动	对身体的控制能力; 善于利用身体语言来表达自己思想和情感,有技巧地运用器材	舞蹈家、运动员
人际	个体与他人相处和交往的能力; 觉察、体验他人情绪、情感和意图并做出适宜的反应的能力	律师、销售、政治家
内省	认识、洞察和反省自身的能力; 能够正确地意识和评价自身的情绪,及时调整自己的行为	几乎对生活所有方面都有积极作用

续表

智力类型	智力特点	适合职业
自然感知	识别动物、植物和自然环境的能力； 对自然现象好奇、喜欢探索	植物学家、军官、探险家
精神、存在	对人生的意义、死亡和物质的存在思索的能力； 对精神、思想、哲学敏感	哲学家、神学家

情商和智商都属于智力的范畴

情感智商和智商都属于人类智力的范畴，这两种智力对人类的工作和生活都很重要，二者并不存在优劣之分，只是在不同的场合下每种智力发挥的作用不同。但是，智商和情商二者并没有同步性，并不是智商高的人情商就一定也会高；同理，一个人的情商可能很高，但智商一般。比如很多享誉全球的科学家的智商极高，但是人际智力一般，也就是并没有突出的情商，当然我们不能因此否认他们对人类社会进步做出的贡献。相反也有很多科学家他们智商不高，但是有着高水平的情商，通过不断的努力，也取得了举世瞩目的成就。我们要知道每个人都有自己的优势智力组合，教育的目的就是将人类的智力优势最大化利用，从而获得成功和幸福。

人类智力是多元的，情商和智商都属于智力的一部分

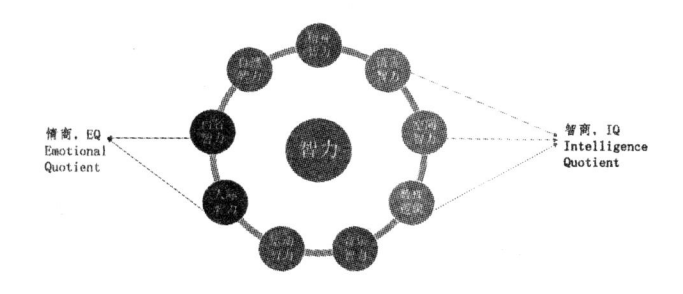

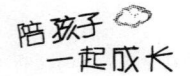

智商反映数理和逻辑推理能力的高低

　　智力是个人高级生命活动的综合体现，目前还不能对智力进行全面的测试。在生活中通常使用智商（Intelligence Quotient，IQ）来反映一个人的智力水平。但智商只是智力的一部分，只能反映一个人数理和逻辑推理能力的高低。智商测试分成两种，一种对个体进行，一种对团体进行。斯坦福—比奈（Stanford-Binet）测试和韦克斯勒（Wechsler）测试广泛应用于个体的智力测试，但这种测试需要在专业人员的指导下进行。团体智力测试往往应用于职位招聘、征兵、学校招生中。生活中常见的团体智力测试包括中考、高考、研究生入学考试、美国研究生入学考试（GRE）以及企业招聘的网络笔试或现场笔试等。个体测试更多是用来进行特殊儿童教育和科学研究，团体测试用来考察被测试者的知识技能，预测被测试者的学业成就和工作能力。

常见个体智力测试方法

常见儿童个人智力测试方法	测试内容	平均智商
斯坦福—比奈智力量表，适用于3～13岁儿童	语言推理 数理推理 空间视觉推理 短时记忆能力	100
韦氏学前和小学智力量表-Ⅲ（WPPSI-Ⅲ）适合3～8岁儿童 韦氏儿童智力量表-Ⅳ（WISC-Ⅳ）适合6～16岁儿童	语言智力 非语言智力如拼图、搭积木、走迷宫等	100

　　除此之外还有适用于3～20月婴儿的贝利婴儿发展量表（Bayley Scales of Infant Development，BSID），适用于2～18岁儿童的考夫曼成套评估测验（Kaufman Assessment Battery for Children，K-ABC-Ⅱ）。智商测试结果需要

专业人员进行解读,心理学家或教育学家较多地运用智商测试结果进行特殊儿童教育。

在个体智力测试中,智商以数值的形式体现。根据统计原理,智商平均值设定为100。正常人的IQ在80~120之间,约占总人口的80%。IQ低于70属于智力缺陷,约占总人口的3%,IQ超过130属于智力超常,约占总人数的3%。

■ 不同智力水平人群分布比率

IQ	人群分布	智力特点
>140	<0.7%	天才
130~139	2.3%	智力超常
120~129	8%	智力优秀
110~119	16%	
100~109	23%	智力中上
90~99	23%	智力中等
80~89	16%	智力中下
70~79	8%	
<70	<3%	智力缺陷

智商可以预测个人学习表现

学校考试测验甚至中、高考,更注重数理推理和语言理解能力,而这些能力正是智商测试的内容,因此具有更高智商的学生往往能够取得更优异的成绩。智商在100左右的儿童,15%能够取得优异的学习成绩;当智商超过120后,超过50%的儿童都可以取得优异的成绩。具有更高智商的儿童更容易在学校中取得优异成绩,接受优质高等教育,从而获得更好的工作机会。智商可以预测学生的学业表现,但智商和学习成绩并不是呈绝对关系。教学质量、师生关系、成长环境、父母学历水平、经济状况、学习习惯等都会影响学习成绩。

■ **不同智商儿童成绩优良的比例**

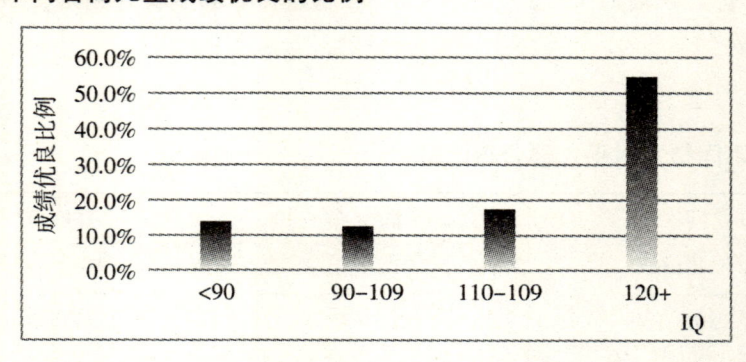

智商低于90的人群中只有18%的儿童能够取得更优秀的成绩,智商在90~109的儿童中约17%可以取得优良成绩,智商超过110,取得优秀成绩的儿童比例增加,当智商超过120后,超过50%的儿童都能取得优秀的成绩(数据来源:《中国儿童保健杂志》)。

家庭环境和童年经历对儿童智力发展起着决定性作用

人类的智力是一种潜能,儿童智力的发展更多地受到成长环境的影响,良好的学校教育和家庭教育对儿童智力发展起着举足轻重的作用(参见第三部分内容)。相反,当儿童处于危险的家庭环境中,儿童智商就会受到影响。儿童所处的家庭环境中危险因素越多,儿童的智商就越低。儿童早期经历对其智力的发展具有决定性的影响,在学龄前,家庭是儿童成长的主要环境,父母对儿童的早期教育对其智商起着决定性的作用。

环境危险因素对4岁儿童智商的影响		
危险因素	危险因素中儿童的平均智商	正常儿童的平均智商
监护人无正式工作，或从事技能很低的工作	90	108
家庭经历多次事故	97	105
父母育儿价值观严苛	92	107
家里有4个及以上孩子	94	105
家中没有父亲	95	106
母亲对孩子没有积极的情感表现	88	107
母亲没有高中以上学历	92	109
母亲患有焦虑或者抑郁症	97	107
母亲心理不健康或者被诊断出心理障碍	99	107

童年经历塑造了儿童智力发展。但是很多家长却不善于给孩子创造丰富的学习环境，以拓展孩子的知识和培养孩子的兴趣。例如，大量研究已经表明童年阅读大量书籍，接触不同类型的知识有利于孩子之后在初高中的学业表现。一项中国人阅读习惯结果显示，家庭中书籍超过50本，父母具有读书看报的习惯，孩子更容易养成良好的学习习惯，知识的广度和深度都要优于其他家庭，其子女成绩优秀的比例高达31.3%。然而很多父母根本不重视孩子阅读习惯的培养，甚至会觉得阅读课外书籍会影响学习，还不如拿更多的时间用来学习。笔者在大学期间，一次在沈阳故宫偶遇一对来自香港的父子，小朋友大概12岁。父亲每年在暑期陪孩子一起去旅游，希望小朋友能够了解世界各地文化风情。在闲聊的过程，小朋友分享了他拍摄的照片，笔者原以为看到的可能是一些所谓的游客照片，而实际却是小朋友拍摄的北京故宫和沈阳故宫的建筑照片，并以此解释明清两代建筑的特点。可以相信他的人生一定是丰富多彩，充满趣味。相反，在家庭教育咨询的工作中，笔者曾接待过一位母亲，她刚上初二的女儿产生了厌学情绪，家庭关系十分紧张。实际和她女儿接触中，笔者发现她感觉物理很难，是因为她的课外生活被钢琴、舞蹈以及课外补习安排得满满的，很少有空去接触生活。物理中有太多抽象概念，而没有一定生活经验，抽象概念确实非常难以理解。

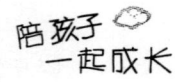

例如，在生活中根本没有接触过放大镜，课堂实验中也不曾去尝试，自然就很难去明白光学的一些原理和概念。

情绪智力用来预测个人职业成功

虽然智商可以用来预测学习成绩，但是智商与个人成就、幸福感等并没有直接的关系。智商测试强调解决标准化测试题目的能力，而非解决实际问题的能力。解决实际问题的能力更多受到其他智力因素如判断力、社交及人际能力、艺术、体育等的影响。个人成就、幸福感更多取决于智力中内省智力和人际智力，也就是情感智商部分。现代心理学表明，智商更多地被用来预测一个人的学业成绩；情绪智力则被用于预测一个人能否取得职业上的成功，它更好地反映了个体的社会适应性。已有研究表明，情绪智力与学生的心理健康之间存在显著的正相关，提高学生的情绪智力对于改善其心理健康状况有十分重要的意义。此外，情绪智力对学生学业成绩的影响也很显著。情绪智力高的学生具备更好的人际关系，更善于从他人处获得指导和帮助，另外，情绪智力高的学生更擅长进行自我激励，当遇到学业困难时，会表现得更加自信，能够不断地进行自我激励，主动参与到学习过程中。

情绪智力包含情绪感知、情绪利用、情绪理解和情绪控制四部分能力。具备高情绪智力的个人对自己认识更加全面，自我认同感更高，社会适应性更强。

情绪智力	内容	作用
情绪感知	对自己的情绪有正确的认识，了解自我，认识自己	自我认同
情绪理解	意识到他人情绪变化，理解和尊重他人不同观点 通过协商解决争端，主动寻求帮助，建立、维持积极健康的社会关系	社会适应 和谐相处
情绪管理	控制自己的情绪，适度表达，积极面对挫折	自我控制
情绪利用	自我激励，调动、指挥情绪，以达到既定目标	自我激励

情绪感知和情绪理解是情绪智力的基础。一个人的情绪变化，无论本人是否感觉到，都会有意或无意地通过言语、动作等流露。人际关系的实质是人与人的情感关系，因此感知他人情绪的能力是良好人际关系的前提。反过来，正确感知他人情绪还有助于丰富自己的情感体验，通过他人的情绪变化反省自己的言行，矫正自己的行为，进而提高自己的情绪表达和控制能力，提高人际交往能力和社会适应性。美国搜索研究院（the Search Institute）对近10万名青少年进行了有关自我认知的问卷调查，结果发现只有35%的人认为自己尊重不同种族和文化的价值观和信仰，只有24%的人感受到他们的老师真正关心他们。由此可见，青少年对自身情绪及情感认知上存在缺陷。关注青少年社会情感，提高他们对自身及他人情绪的认知迫在眉睫。家庭教育对儿童青少年的情绪感知和理解具有决定性的影响。儿童在玩耍中不小心摔倒或者被绊倒是常见的生活情境。当孩子摔倒时，本来快乐的情绪立即转变为号啕大哭，此时有些父母为了安抚孩子的情绪，会马上跑过来抱起孩子，并使劲跺脚，并说是这个"可恶的地面"把孩子给绊倒了，然后教孩子伸出小手去拍打地面。通过这种转移注意力的方式，孩子能够很快地从负面情绪中走出来，继而破涕为笑。从家长的角度看，这以最快的速度帮助孩子止住哭声，但是却让孩子失去了一次体验恐惧的机会，以后再发生这样类似的事情，孩子就会自然而然地抱怨"可恶的地面"，甚至会养成找借口的习惯。孩子因为自己的原因不小心摔倒，哭一会儿是不会对他（她）产生伤害的，此时父母以恰当的方法鼓励孩子自己站起来，更加有助于孩子了解恐惧的情绪，并学会如何克服恐惧心理。相反，如果孩子摔倒了，家长的反应比孩子还要剧烈，孩子更多感知到自我的重要性，以后更多会以自身的感受为出发点，而缺少考虑别人的感受。孩子只有学会感知和理解自己和他人的不同情绪，才能更好地融入和适应社会。

■ 情绪的重要性

联合国儿童基金会幼儿教学推荐材料《猜猜我的情绪》

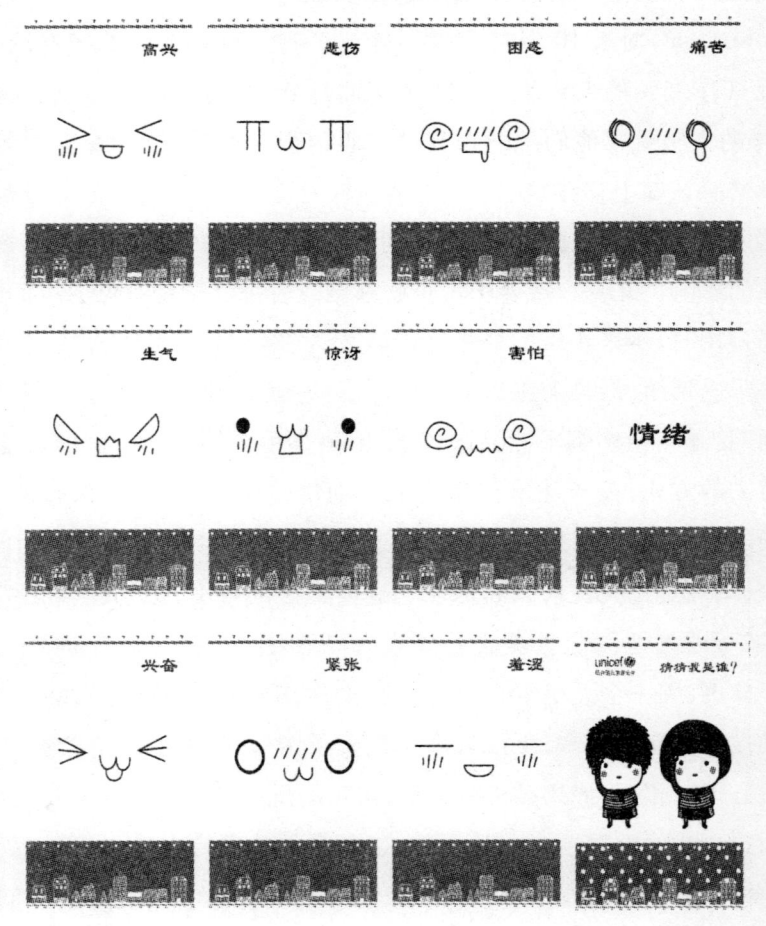

高兴　　悲伤　　困惑　　痛苦

生气　　惊讶　　害怕　　情绪

兴奋　　紧张　　羞涩　　猜猜我是谁？

在《猜猜我的情绪》的游戏中：

1. 由一名同学从卡片中抽出一种，其他同学不可以看到卡片的内容。
2. 抽到卡片的同学使用肢体语言表达出词语的意思，不允许说话。

3. 本组其他同学用1分钟的时间猜出卡片上的词是什么。

4. 如果本组学生无法在1分钟内猜出词语,则由另外一组同学来猜,猜出来正确答案的小组得到1分。

该课程有利于帮助幼儿感知和理解情绪。

情绪管理包括两方面的内容,其一是合理表达自己的情绪,其二是善于克制自己的情绪。情绪管理是情绪表达的开关。当成人被他人指责时,内心一定会产生波动,虽然在当时能够控制自己的情绪不表达出来,之后就会选择其他的途径来发泄情绪。对于孩子也是同样的道理,一些父母在批评、教育孩子的时候,不允许孩子辩解,不允许孩子哭泣,甚至连孩子表达出一些不满情绪都不允许。如果负面的情绪总是被压抑和克制而得不到适当的发泄,久而久之,孩子就会变得或者是逆来顺受,性格内向懦弱,胆小怕事;或者是压抑郁闷,造成焦虑和自闭等心理健康问题;或者是以破坏纪律、伤害他人的极端方式发泄愤怒情绪。因此,对孩子进行教育时,应当允许孩子进行辩解,说出自己的道理,允许孩子哭泣,允许孩子表达他的不满和愤怒。倘若孩子缺乏表达情绪的练习机会,又如何学会控制自己的情绪呢?家庭教育的实践中需要教会孩子如何恰当地表达情绪,只有在不断的情绪表达中,孩子才能逐渐学会表达情绪的合理方式。如果我们不能学会控制情绪,那么就只能被情绪所吞噬。

情绪智力还包括利用情绪进行自我激励。心理脆弱和抗压能力差就是情绪智力没有得到全面培养的表现。高情商的人不仅仅具有更好的人际关系,更重要的是他们对自己有清晰的认知,在困难和挫折面前,能够进行自我激励,充满自信和毅力。学习是学生的主要成长任务之一,难免碰到学不会、学不懂的时候。遇到学业困难就会让学生体验到沮丧、痛苦等情绪,情绪利用就是把这种负面情绪转变为学习动力的能力。当孩子出现学业问题时,多数的父母没有意识到情感在其中起到的作用,而只是简单地给孩子报各种课外补习班。如果孩子没有内在的动力去驱动学习,只能去被动接受知识,学习效果收效甚微。即便是通过短时间的突击强化达到了提高成绩的目的,但是孩子还是没有学会如何进行自我激励,通过自身的努力来提供学习成绩,他们学习成绩的暂时提高只是来自于短期高强度的练习和培训。孩子在社会生活中会遇到更多复杂的问题,特别是在工作中,很多问题不是通过短期强化可以解决的,利用情绪进行自我激励的能力缺乏,会造成"高分低能"的现象。教育应该对孩子授之以鱼,更要授之以渔,而使孩子具备自我激励、主动学习的能力才是教育的核心。

■ 教会孩子利用情感进行自我激励,主动学习才是教育的本质

知识就像"鱼",而自我激励主动学习的能力则是"渔",教育既要授之以鱼,更要授之以渔。

中国青少年情绪智力发展特点

中国青少年总体情绪智力是积极向上的,女性更善于感受、体验、理解他人的情绪,也更善于调节自己的情绪;男性更擅长利用情绪进行自我激励。这可能和中国文化相关,对女性的要求强调文静贤惠、不鼓励争强好胜,因此女性内心更加细腻,对他人的情感更加敏感,自我约束力更强;对男性的要求和期望高于女性,因而男性的自我激励和内在动力比女性更强烈一些。中国青少年情绪智力问题主要与自信、自尊、独立性、自我价值和压力管理相关。一方面青少年面临着沉重的学业任务和日益严峻的就业形势;另一方面中国文化强调"利他""克己""集体主义""以和为贵",淡化对

个体自身的认知和尊重。学校重视文化课而轻视青少年情绪发展教育,家庭教育中父母又不善于和子女沟通,因此,青少年内心敏感、自尊心强,自我价值迷茫,逃避遇到的生活、学习压力,解决问题时缺乏冷静和灵活性。

青少年情绪智力的测量方式		
测量方式	适合年龄	测试内容
巴昂情绪智力量表	7~9岁	理解和表达自己感受的能力
	10~12岁	对他人的理解能力
	13~15岁	环境适应性能力
	16~18岁	压力管理能力等

情商测试和结果分析同样也需要在专业人士的指导下进行。

儿童青少年"社会情感学习"项目介绍

1994年,戈尔曼(Daniel Goleman)和格罗沃尔德(Eileen Rockefeller Growald)在美国芝加哥伊利诺伊大学创立非营利性组织"学术、社会和情感学习"项目(Collaborative for Academic, Social, and Emotional Learing,简称CASEL),旨在将"社会情感学习"(Social Emotional Learing,简称SEL)列为覆盖从幼儿园到高中的各个年级的学校教育必修课程,旨在提升学生的社会技能和情绪情感方面的能力,使学生掌握不可或缺的生活技能。2002年,联合国教科文组织向全球140个国家的教育部发布了实施SEL的十大基本原则,开始在全球范围推广SEL项目,取得了良好的效果和广泛的影响。CASEL提出了社会情感学习的五项核心技能,即自我意识(self-awareness)、自我管理(self-management)、社会意识(social awareness)、人际关系技能(relationship skills)和负责任的决策(responsible decision-making)。通过一系列课程的学习,参与学生更有意愿主动进行学习,平均成绩提高11%,行为失常、焦虑、抑郁、压力大、不合群等心理健康问题显著减少，社会适应能力和实践技能也有了很大提升。

■ "社会情感学习"项目的学习目的和效果

"社会情感学习"的五项核心技能：
- 自我意识（self-awareness）
- 自我管理（self-management）
- 社会意识（social awareness）
- 人际关系技能（relationship skills）
- 负责任的决策（responsible decision-making）

→

"社会情感学习"效果：
- 促进积极的社会行为（improved positive social behavior）
- 提高学业表现（improved academic performance）
- 减少问题行为（reduced problem behavior）
- 减少精神损害（reduced emotional distress）

"社会情感学习"课程包括自我意识、自我管理、社会意识、人际关系技能（relationship skills）和负责任的决策五个方面，能够显著提高参与学生的积极社会行为，减少问题行为，减少精神损害以及提高学业表现。

扫一扫，了解更多：
如何进行社会情感学习

情商和智商都是智力的重要组成部分。童年的经历和成长环境对儿童的智力起着决定性作用。家庭教育在教会孩子学会基本生活技能、生活规范和道德价值观的同时也对孩子情感智力的培养起着重要作用。因此父母在对孩子进行教育的同时更应该注意培养孩子对情绪的管理，这样更有利于孩子主动参与到学习过程中，具备更强大的心理资源处理负面情绪，遇到困难和挫折能够不断进行自我激励。平等、友爱的教育方式是儿童智力健康发展的重要保障。如果家庭氛围消极紧张，这些不良情绪就会传染给儿童，对其智力的发展产生负面影响，使儿童对外界充满怀疑和恐惧，从而思维迟钝、注意力涣散、对新事物缺乏兴趣，就会使得原有的智力潜能得不到充分发展。

家庭教育方式是儿童智力培养的最重要影响因素。人生不是百米冲刺而是马拉松长跑。知识和技能教育是学校的主要职能。家庭教育的目的就是让孩子能够主动创造美好生活并为之持续努力。作为孩子的第一监护人，父母应该承担起家庭教育的责任，不断学习一些科学的教育理念，改变一些不正确的教育观念，哪怕只是改变一点点，也会对孩子的成长产生更积极的作用。家庭教育既是一门学问，也是一门艺术，只有在与孩子的共同成长下，才能更好地对子女进行教育和培养，体验到养育子女的乐趣。最终，当孩子离开家庭，走入社会时，拥有主动创造美好生活和未来的能力。

帮助子女成长，父母从改变自己开始！

参考文献

1. Gilman, Lynn. The Theory of Multiple Intelligences [D]. Bloomington: Indiana University, 2012.

2. Mackintosh, N. J. IQ and Human Intelligence [M]. 2nd ed. Oxford: Oxford University Press. pp. 353-400, 2011.

3. Kaufman, Alan S., Lichtenberger, Elizabeth. Assessing Adolescent and Adult Intelligence [M]. 3rd ed. Hoboken (NJ): John Wiley & Sons, 2006.

4. Nikolova, K., & Taneva-Shopova, S. Multiple intelligences theory and educational practice [J]. Annual Assesn Zlatarov University, 2007, 26(2): 105-109.

6. 翁小萍, 冯玲英, 李慧蓉等. 儿童学习成绩与智力、气质、家庭环境因素的相关研究 [J]. 中国儿童保健杂志, 2000, 05: 292-294.

7. 韩晓蓉, 焦苇. 上海小学一年级学习调查发布: 没上过辅导班的孩子后劲更足 [EB/OL]. (2016-03-23) [2006-04-01]. http://www.thepaper.cn/newsDetail_forward_1447467.

8. Duckworth, A. L. and M. E. Seligman. Self-discipline outdoes IQ in predicting academic performance of adolescents[J]. Psychol Sci, 2005, 16(12): 939-944.

9. Cavazotte, Flavia; Moreno, Valter; Hickmann, Mateus. Effects of leader intelligence, personality and emotional intelligence on transformational leadership and managerial performance[J]. The Leadership Quarterly, 2012, 23(3): 443-455.

10. Mayer, John D. Human Abilities: Emotional Intelligence[J]. Annual Review of Psychology, 2008, 59: 507-536.

11. 聂衍刚. 青少年社会适应行为及影响因素的研究[D]. 华南师范大学, 2005.

12. 林丽珍, 姚计海. 国外社会情感学习(SEL)的模式与借鉴[J]. 基础教育参考, 2014, 11: 72-76.

13. 全景月, 姚计海. 社会情感学习(SEL)项目的实施背景与价值探析[J]. 基础教育参考, 2014, 17: 73-77.

14. 杨群. 社会情感学习在我国学校的应用策略研究[D]. 宁夏大学, 2014.

15. 蔡敏, 蒋世萍. 美国社会情感学习项目的实施策略[J]. 世界教育信息, 2015, 07: 43-48+55.

16. Duckworth, A. L. and M. E. Seligman. Self-discipline outdoes IQ in predicting academic performance of adolescents[J]. Psychol Sci, 2005, 16(12): 939-944.

第 2 部分
健康成长的基本需求

第3章
儿童青少年成长的特点

(一) 生长发育的一般特点

生长发育是指人类从婴儿成长为成人的过程，主要包括三个方面的变化：身体发育、认知发展和心理社会发展。儿童青少年的发展主要指从出生到18岁逐渐成熟的过程中发生的变化。尽管每个人的成长过程千差万别，但是成长轨迹却是相似的。人体生长发育过程中存在两个突增期，突增期是指身高体重增幅最大的生长时期。第一个突增期出现在0~2岁，第二个则是在青春期前期，通常在9~13岁。进入青春期后人体的生长发育开始表现出性别差异，一般而言，女性的青春期比男性提前两年，但是男性的持续时间更长。在生长发育的过程中，神经系统在母体内就已经开始生长发育，所以最先完成，而生殖系统则在青春期时才开始全面发育，处于人体发育的最晚阶段。生殖系统成熟标志着个人生理的成熟，从少年迈入成年。其中第一和第三阶段都属于生长突增期，这两个阶段，是孩子身高、体重以及身体器官功能完善最重要的时期。

0~2岁——第一个生长发育突增期

儿童青少年生长发育的每个阶段的速度不尽相同，根据生长发育的速度可以分成4个阶段。第一个时期从出生至2岁，是人类第一生长突增期，0~1岁身高增长平均在20cm以上，体重增长约6~7kg；1~2岁身高增长约10cm，体重增长2~3kg。2岁之后生长发育速度变缓，进入匀速生长阶段，直至青春期前期。在生长发育第二阶段男童身高平均每年增长 5～8cm，女童平均每年增高 6～10cm，儿童体重平均每年增加约 1～3kg。在第一个生长发育突增期，影响儿童身体发育的最重要因素是营养和睡眠，充足的营养和睡眠是婴幼儿健康成长的保障。在生长发育前两个阶段，儿童一旦发生营养不良，对智力和身高将造成永久性的影响。因此，家长需要密切关注孩子的身高和体重情况，最好做到每个月定期给孩子量身高和称体重，并做好记录工作。

■ 第一、二阶段生长发育特点

第一阶段 0-2岁，快速生长	第二阶段 2-9岁，匀速生长
儿童一生中发育最快的阶段，0～1岁身高增长平均在20cm以上，体重增长约6～7kg，1～2岁身高增长约10cm，体重增长2～3kg。	男女儿童身高和保持较大的增长，但增长幅度和增长率比较稳定，男童身高平均每年增长5～8cm，女童平均每年增高6～10cm，儿童体重平均每年增加约1～3kg。

9～13岁——第二个生长发育突增期

9～13岁处于青春期前期，生长发育进入第三个阶段。在这个阶段，身高和体重的加速生长并不均衡，这种不均衡体现在很多方面。身高的增长要先于体重的增长，儿童的身高在9岁左右开始加速增长，而体重约在11岁左右才开始加速增长。同时，男女的性别差异也开始出现，9岁前，男孩的身高普遍高于女孩，10岁时女孩高于男孩，至13岁左右，男孩的身高再次超过女孩。一般来说女性的青春期要比男性提前两年到来，但男性的青春期持续时间更长。除此之外，城乡之间也存在着不平衡，总体来说，城市儿童的加速增长要略早于农村，但农村儿童的加速增长的持续时间较长，一般可以持续到15岁。但是近些年随着中国经济的高速发展，城乡差异逐渐缩小，农村儿童的生长发育轨迹也慢慢趋向于城市儿童的生长发育轨迹。在第二个生长发育突增期，运动和营养则是影响儿童身体发育的主导性因素。因此，这一时期的父母需要保证孩子铁、钙、锌等矿物营养元素的摄取，并且需要督促孩子加强体育锻炼。

- 人体生长发育的第二个突增期，男童每年增高5~8cm，增重3~6kg；女童分别为5~6cm和3~6kg。

第三阶段
9-13岁，加速生长

- 城市青少年在13岁后、农村青少年在15岁后身高和体重的增长速度逐渐减慢，并维持在较低的水平增长。

第四阶段
缓慢生长

影响生长发育的因素

（1）遗传因素

人类的性格、智力、身高、体重都受到父母遗传的影响，可以说遗传因素决定了儿童生长发育的可能性也就是儿童生长发育的潜力。子女的身高受到父母遗传因素的影响，研究表明，我国汉族身高的遗传力在0.75左右，美国人在0.49左右。也就是说我国子女的身高主要受到父母亲一代身高的遗传影响，并且相对来说，母亲身高对子代的影响要比父亲大得多，子女的身高和母亲的身高有着一致性；另一方面，女孩受到遗传作用的影响要强于男孩，因此父母身高对女孩的影响较大。

通过父母亲的身高可以简单预测子代的身高，并不代表孩子的实际身高。

男孩身高 = 60 + 0.42 × 父亲身高 + 0.27 × 母亲身高

女孩身高 = 43 + 0.31 × 父亲身高 + 0.43 × 母亲身高

而对于体重,虽然有科学研究某些基因和体重相关,但是父母的体重通常受后天的影响较大,所以超重父母的后代未必也是肥胖型,因此相较于身高,体重的遗传因素对后代的影响较小。出生后的生活环境对个人的成长起着重要的调节作用。父母的生活习惯、教育方式对子女的体重有着更大的影响。一般来说,有暴饮暴食、缺乏锻炼的习惯以及在溺爱家庭环境中成长的儿童,成年后肥胖的风险比一般人群高出3倍。总而言之,儿童的生长发育受先天遗传因素和后天环境因素共同影响,其中环境因素,包括营养、社会家庭环境、生活方式、教育方式、气候与季节等,决定了儿童生长发育的现实性。

■ 遗传和成长环境共同决定了儿童生长发育水平

遗传决定了儿童成长发展的"图纸" → 营养状况、生活环境等提供了成长的"材料" → 教育状况决定了儿童的成长"质量" → 最终塑造了儿童的智力和性格

个人的生长发育受到遗传和环境的双重影响。生物的基因决定了其成长的可能性,但是基因的表达需要在一定的环境条件下通过生长发育实现。人类的一些特征十分稳定,例如血型,不论生活在什么环境、营养状况如何,血型都不会改变。但是更多的特征例如身高、体重、肤色、智商、情商等容易受到环境因素的影响。遗传奠定了个体发展的蓝图,环境通过影响基因的表达来塑造基因的实际表现。

(2)营养因素

儿童青少年处于一生中身体生长发育的关键时期,而营养则是儿童青少年生长发育的基础,对其生长发育发挥着最重要的影响。儿童青少年摄人的营养既要维持日常生命活动的消耗,也要保证满足其生长发育所需的能量。近些年来,随着生活水平的提高,我国儿童青少年已较少出现营养不良现象,反而营养过剩和营养失衡的问题日益突出,且比例逐年升高。根据世界卫生组织(WHO)统计,全球肥胖流行率在1980年和2014年之间翻了一倍以上。2013年,全球4200万5岁以下儿童超重或肥胖。中国目前已成为世界第二大肥胖国,肥胖人数仅次于美国。肥胖十分不利于儿童的健康成长,肥胖儿童更容易经历呼吸困难,骨折风险也升高,同时肥胖也增大了成年后患慢性疾病例如高血压、心血管疾病的风险。除此之外,肥胖儿童在和同伴的交往过程中更容易受到同伴的语言和肢体攻击,不利于儿童的心理健康。不仅如此,最新的研究表明,肥胖对记忆力也会产生影响。美国《医学日报》研究表明肥胖的人出现记忆丧失的可能性比正常人高出3倍。因为当腹部脂肪过多时,肝脏中储存的过氧化酶增生受体难以对脂肪进行处理,肝脏就会利用身体其他部位所储存的该物质,这类蛋白质的消耗会导致人们出现记忆和学习障碍。另外,不健康的饮食习惯,也会对儿童的生长发育产生影响。比如,儿童长期食用成人的营养保健品可能造成儿童性早熟,儿童性早熟则会引起骨成熟加速,骨骺提前闭合,最终影响儿童发育。另外,孕期孕妇营养不良产下的婴儿、少女意外怀孕的早产儿等在以后的发育中也会受影响。所以,家长需要适当地给孩子摄入营养,防止肥胖和超重问题的产生,帮助孩子养成良好的饮食习惯和生活习惯。

(3)生活方式因素

生活方式也是影响儿童青少年生长发育的关键因素。生活方式覆盖范围极广,包括饮食习惯、作息习惯、运动习惯等。生活方式是多种生长发育影响因素的综合体现,例如不健康的学习习惯不仅会影响孩子的生长发育甚至造成疾病,还会使孩子学习时采用错误的坐姿,长时间低头、驼背,引起脊椎的变形。WHO对健康的影响因素提出了一个总结式,即健康 = 60% 自我保健 + 15% 遗传因素 + 10% 社会因素 + 8% 医疗因素 + 7% 气候因素。其中"自我保健"占据了支配性地位,所谓"自我保健",就是指积极健康的生活方式。例如作息时间不规律会扰乱身体的内分泌系统,对于儿童而言,生长激素是身体发育的关键调节激素,而生长激素在睡眠状态下分泌明显增加,主要在晚上 11 点到凌晨 2 点分泌,所以经常熬夜会严重干扰生长激素的分泌,进而影响生长发育。另外生命活动有其内在的节律性,受到时间的调控。养成良好的作息时间,能够稳定生物钟,使机体处于高效运转状态。想要养成积极健康的生活方式,需要从多方面作出努力和协调。儿童的生活方式更多受到家庭环境的影响,因此父母需要在家庭中以身作则,为孩子树立健康生活方式的榜样。

(4)社会环境

良好的社会环境会对儿童青少年的健康发展起到促进作用。社会环境是指个人生活的物理环境(包括家庭生活环境,社区的配套生活资源等)和社会关系(与其他社会成员间的相互影响)。作为生活在社会中的一部分,社会环境对儿童的健康成长和未来的成功有着巨大的影响。例如,若社区的运动设施齐全方便,儿童青少年会更乐意参与体育活动,从而养成健康的生活方式。并且人都是生活在社会中,每个人都会有意或无意地与他人互相影响(例如在等车时与他人交流,或者参加家长会等),个人的行为、态度对社会产生影响,同样他人的行为和态度也会对个人产生影响,良好的社会关系能够促进儿童青少年养成健康行为。因为儿童青少年倾向于模仿他们所看到的行为,比如,若在生活环境中吸烟现象广泛流行,儿童青少年吸烟的概率就会增大,反之,若社区环境中吸烟现象较少,到处可见醒目的禁烟标志,儿童青少年则不易养成吸烟的习惯。并且良好的社会环境对儿童青少年的心理健康也会产生积极的影响,会降低其抑郁和焦虑产生的可能性。儿童其实如同一张白纸,社会环境则是一个大染缸,每张白纸在不同的染缸里会拥有不同的色彩,每个孩子在不同的社会环境下也会拥有不同的成长道路。作为家长,应当为孩子创造积极健康的生活环境,例如保持家庭环境的干净卫生,鼓励孩子参与到社区活动中,多与同龄人沟通交流等,对孩子行为给予更多积极的评价,尽量避免孩子接触负面、不健康的社会环境,例如暴力、酗酒等。

(5)季节气候和地理环境因素

除了以上所说的各种影响因素,季节气候和地理环境也是影响儿童青少年的生长发育的重要因素之一。通常情况下,春季是身高增长较快的季节,秋季则是体重增加较多的季节。并且我国气候南北差异很大,北冷南热,身高也因此表现出北高南低的规律。而环境污染、疾病等也影响着儿童的生长发育水平。综上所述,儿童青少年生长发育是一个多因素综合调节的过程,并且有着不可逆性,因此父母或者其他监护人应当了解儿童青少年的生长发育特点,并将其与孩子的成长过程进行对比,及时发现问题并采取措施解决问题,让孩子可以健康地成长。

(二)用生长曲线评估生长发育状况

身高体重是生长发育状况的最直观体现

最直观反映青少年发育状况的指标便是身高和体重,两次生长突增期则是对儿童身高体重影响最显著的时期。合理的膳食和运动对儿童的身高有着重要的作用,研究表明,在第二次生长突增期,经常运动的儿童比缺乏锻炼的儿童平均增高多5 cm。如果父母看到孩子的身高和同龄人相比偏低或者担心子女身高问题,可以让孩子进行骨龄测试。骨龄测试是检测生长发育年龄最有效的方法,检测的最佳时期是孩子4周岁至8~9周岁左右。如果儿童的骨骺没有完全闭合,就存在自然增高的可能。等到男孩十六七岁、女孩十四五岁,骨骺线完全闭合后,孩子丧失了再次长高的可能。因此,当儿童的身高明显低于周围同龄儿童,并且每年的身高增长缓慢,则可能预

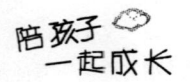

示着生长迟滞。所以在孩子幼儿或小学时期,家长就应该密切关注孩子的身高变化,最好定期测量孩子的身高并做好记录分析工作,并通过生长曲线图来评估儿童的生长状况。

儿童青少年测量身高后,根据性别和年龄(不可用虚岁)查询下表,若身高值小于该年龄段的参考值,则说明儿童青少年的生长发育迟滞。

年龄(岁)	男童身高参考值(厘米)	女童身高参考值(厘米)
6	108.7	107.4
7	113.6	112.4
8	118.3	117.6
9	122.8	123.0
10	127.3	128.7
11	132.2	134.7
12	137.9	140.2
13	144.5	144.4
14	150.8	147.1
15	155.5	148.5
16	158.8	149.2
17	160.6	149.7
18	161.6	150.0

图表数据来源:中华人民共和国国家标准 GB/T 31178-2014《儿童青少年发育水平的综合评价》

孩子测量身高体重后,所以在身高体重基础上计算身体质量指数(Body Mass Inde,简称 BMI)。BMI 是国际上衡量人体胖瘦程度以及是否健康的最常用标准。BMI 超过参考值就意味着肥胖而低于参考值则意味消瘦。BMI

是用体重公斤数的平方得出的数字。

体质指数 BMI = 体重(kg) ÷ [身高(米)]²

例如某同学,体重 48kg,身高 1.45 米,则其

$$BMI = 48 \div 1.45^2 = 22.83 (kg/m^2)$$

10 岁男童正常 BMI 在 14.5 和 18.5 之间,22.83 超过这个范围,意味着此男童体重超重。

儿童青少年 BMI 指数超重肥胖的判定标准

单位(kg/m²)

年龄	男 消瘦	男 超重	男 肥胖	女 消瘦	女 超重	女 肥胖
7	13.6	17.4	19.2	13.2	17.2	18.9
8	13.8	18.1	20.3	13.4	18.1	19.9
9	14.0	18.9	21.4	13.7	19.0	21.0
10	14.3	19.6	22.5	14.1	20.0	22.1
11	14.7	20.3	23.6	14.6	21.1	23.3
12	15.1	21.0	24.7	15.2	21.9	24.5
13	15.7	21.9	25.7	15.8	22.6	25.6
14	16.3	22.6	26.4	16.3	23.0	26.3
15	16.8	23.1	26.9	16.7	23.4	26.9
16	17.3	23.5	27.4	16.9	23.7	27.4
17	17.7	23.8	27.8	17.1	23.8	27.7
18	18.1	24.0	28.0	17.2	24.0	28.0

图表数据来源:中华人民共和国国家标准 GB/T 31178-2014《儿童青少年发育水平的综合评价》

使用生长曲线评估儿童生长发育过程

每月定期对儿童的身高、体重进行测量后,在曲线图中对其进行标记,并将每月的标记点相连,就是儿童的生长曲线。通过生长曲线,我们可以清楚地看出儿童的生长倾向,不仅能够对其生长发育状况进行评价,还能追踪儿童的生长状况。若身高增长过快,可能代表着营养过剩,这样使得匀速生长期缩短,导致青春期发育提前到来。若体重增长过快,就容易导致肥胖,增加糖尿病、心血管疾病等慢性疾病的患病风险。除了身高和体重,婴幼儿生长曲线还包括头围,头围可以间接反映婴幼儿脑发育状况,过大和过小都可能是疾病的征兆。在使用生长曲线时,并不意味着身高、体重与平均值相近才是正常,只要身高体重在正常的增长范围内,都是健康的。而当身高、体重、BMI突然出现超过或低于正常值,则可能是内分泌失调或者营养失衡的征兆,需要尽快向医生或者专业人士寻求帮助。通过生长曲线,我们可以得到很多关于儿童生长发育状况的信息,家长应学会利用这些信息,及时地对孩子的身体状况进行调整,来确保孩子的健康成长。

■ 儿童青少年身高/体重曲线图的使用方法

1. 正确测量儿童的身高和体重
2. 按照性别和年龄选择相应的曲线图
3. 在曲线图上标出年龄(不可使用虚岁)和身高、体重测量值的交点
4. 把不同的交点连接成线,追踪孩子的生长过程,或者判断孩子的身高体重是否在正常范围内。

例如:丽丽是一个5岁的孩子,其身高体重的记录值如下:

记录日期	1岁	1.5岁	2岁	2.5岁	3岁	3.5岁	4岁	4.5岁	5岁
身高(cm)	76	84	90	95	100	104	108	112	115
体重(kg)	9.1	11.0	12.8	13	15.5	16.9	18.1	18.9	19.8

第2部分
健康成长的基本需求

■ 丽丽身高曲线（黑色铅笔轨迹）

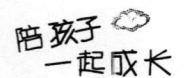

■ 丽丽体重曲线（黑色铅笔轨迹）

从生长曲线中可以看出，虽然丽丽的身高和体重超过平均水平，但是身高的增长趋势一直都在正常范围内，而体重却出现了明显的异常。在丽丽 26 个月时，经常感冒食欲不振，前前后后持续了 2 个月才完全康复，因此，在 2 岁半时体重出现明显的增长放缓。之后身高、体重增长回到正常的轨道。

扫一扫，了解更多：
生长曲线标准下载

（三）青春期——人生的转折点

需要特别指出的是，在发育的第三、四阶段，孩子就进入了青春期发育阶段。青春期通常包括身体的快速生长和性的成熟。青春期是孩子生长发育过程中最重要的阶段，在这个阶段完成儿童向成年的过渡。孩子一方面要适应身体发生的巨大变化，另一方面也面临着学业问题，生理和心理上都经历严峻的考验。处于这种特殊过渡时期，孩子极易产生心理卫生问题。青春期也是家庭教育中最让人头痛的时期。孩子随着自我意识和思维能力的完善，逐渐希望摆脱父母的管束。倘若家长未及时转变对待子女的态度，仍然像对待儿童一样，容易加重青春期孩子的叛逆心理和代沟的产生。一般来说，女孩青春期发育的开始年龄要比男孩早约 2 年，女孩青春期通常开始于 8～13 岁，持续到 17～18 岁；而男孩起始于 9～14 岁，持续到 18～20 岁。男孩和女孩青春期开始标志有所不同，男孩进入青春期的标志是睾丸和阴囊的发育，女孩进入青春期的明显标志则是乳房的发育。遗精和月经则分别代表男童和女童性成熟。

男童、女童青春期发育一般特点

<table>
<tr><td rowspan="8">青春期发育特点</td><td>发育阶段</td><td>女(岁)</td><td>男(岁)</td><td>特征</td></tr>
<tr><td>前期</td><td>10～12</td><td>12～14</td><td>身高、体重加速生长</td></tr>
<tr><td>中期</td><td>13～16</td><td>14～17</td><td>第二性征发育成熟</td></tr>
<tr><td>后期</td><td>17～23</td><td>18～24</td><td>发育完全成熟</td></tr>
<tr><td colspan="4">青春期发育特点：
　　体格生长加速，出现第二次生长突增；身高突增，体重显著增加
　　各内脏器官体积增大，功能日趋成熟；肺活量显著增大，心脏急剧发育
　　内分泌系统功能活跃，与生长发育有关的激素分泌明显增加
　　生殖系统发育骤然增快，到青春期结束时具有生殖功能
　　第二性征发育使得男女两性在形态方面差别更为明显
　　在体格及功能迅速发育的同时，也产生了剧烈的心理变化，容易出现心理健康问题</td></tr>
</table>

■ **青春期生理变化的一般进程**

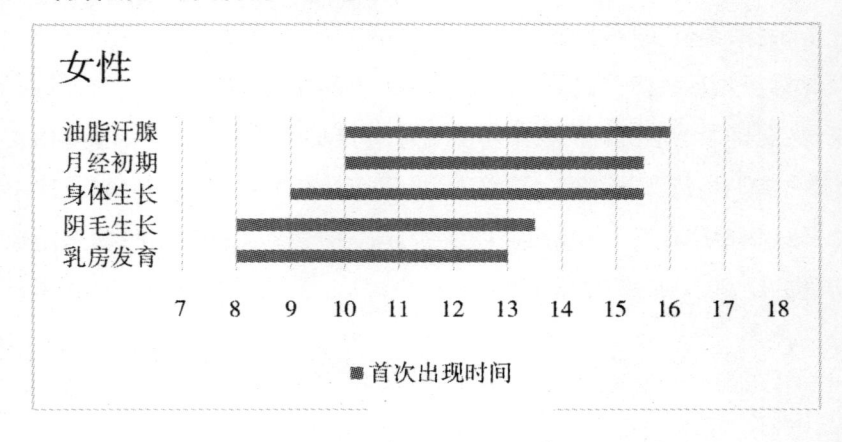

女性

项目	首次出现时间
油脂汗腺	10～16
月经初期	10～15.5
身体生长	9～15.5
阴毛生长	8～13.5
乳房发育	8～13

■ 首次出现时间

男性

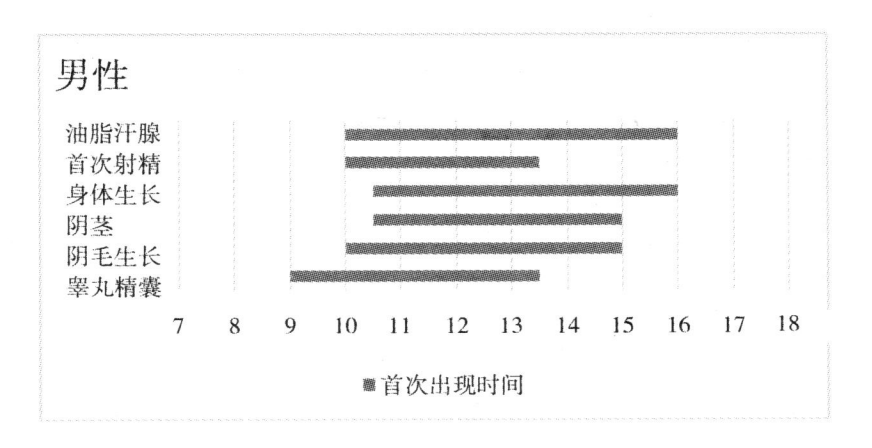

项目	首次出现时间（岁）
油脂汗腺	10～16
首次射精	10～13.5
身体生长	10.5～16
阴茎	10.5～15
阴毛生长	10～15
睾丸精囊	9～13.5

早熟、晚熟——不利于孩子健康成长

青春期通常在8～13岁开始，但具体开始时间因人而异。青春期开始时间的早晚重要吗？答案是毋庸置疑的。根据进入青春期时间的早晚，我们可以将孩子分为"早熟"和"晚熟"。如果女童在8岁前、男童在9岁前出现了发育迹象，则是发育早熟。早熟并不利于孩子的成长，早熟的男、女孩骨骺提前闭合，生长周期明显缩短，最终使其成年后的身高比一般人矮，并且，早熟会导致内分泌功能紊乱，严重者可引起成年后的不孕不育。除却生理上的不利因素，早熟对孩子的心理也会产生不良影响，患儿可能因自己在体型上与周围小伙伴不同，而产生自卑、恐惧和不安。但如果男、女孩到了14岁，仍然缺乏性征发育的迹象，则有可能属于"晚熟"的情况。晚熟也是不利于孩子成长的情况，一般情况下，晚熟的儿童不仅理解能力差，在表达能力、行为能力方面也都不如同龄人优秀。因此，儿童如果出现早熟或者晚熟的迹象，家长需要引起重视，应当及时去医院内分泌科咨询，尽早找出影响发育的问题，让孩子健康茁壮地成长。

■ 造成儿童性早熟的因素

化妆品　电视电影刺激　通宵开灯　睡眠过少　肥胖　保健品　环境污染

造成儿童早熟的因素是多种多样的,除去疾病原因,经常使用成年人的化妆品,观看过多色情、暴力的影视作品,睡觉时光线太亮,睡眠时间不足,环境污染,肥胖以及食用成年人的保健食品等,都容易造成儿童性早熟。

青春期的注意事项

(1)青春期高血压

在青春期阶段,孩子的生理机能逐渐发育成熟,心脏体积和血管壁厚度也会增大,心血管系统逐渐发育成熟。因此会出现青少年特有的"高血压"症状,称为"青春期高血压"。其表现为收缩压(血压测量时高压值)可达140~150毫米汞柱,接近甚至超过成人血压,而舒张压(血压测量时低压值)正常。这种"青春期高血压"在日常生活中没有特别明显的症状,只在过度疲劳或剧烈运动后会感到一些不适,如头晕、胸闷等。这是因为青春期孩子神经分泌活动剧烈,血管生长跟不上心脏的发育,心脏收缩时,血管压力增大。这种高血压情况是正常的和阶段性的,过了青春期,青少年的血压便会恢复正常。因此青少年和家长不必对此现象过度担忧,只需维持良好的情绪,保证充足睡眠,营养均衡,经常进行体育锻炼,必要时遵医嘱服用药物(一般不推荐服用降压药物)即可。

(2)鼻喉的保护

青春期孩子的呼吸系统逐渐发育完善,肺容量变大,呼吸节律性变强。这个阶段鼻腔下部的黏膜海绵体最为发达,轻微碰撞就会造成鼻出血,有的甚至流血不止,严重者造成贫血,因此青春期孩子要注意保护鼻子,避免撞击,更不要养成抠鼻孔的习惯。青春期也是喉部的快速发育期,喉腔开始扩大,声带开始加长,男生都会在这一阶段出现喉结。并且随着喉腔的扩大和声带的加长,男孩、女孩都要经历一段"变声期"。由于男孩的声带比女孩更长,所以男孩会变成低沉浑厚的男声,女孩则会从尖细的童声变成了高亢的女声。这个时期,也会有少数男少年,变声特别强烈,甚至出现声音嘶哑,发出假音的现象,但这些都是暂时的现象,当喉部发育完善后就会恢复正常。处于青春期男女儿童,尽量不要大声喊叫,在朗读、唱歌时要正确地用喉,同时要进行适当体育活动和呼吸运动来锻炼呼吸器官。

(3) 视力保护

除先天性近视眼外,大多数刚出生的婴儿的眼球直径要短于成人,这叫作生理性远视眼。但随着年龄的增大,眼轴也会逐渐加长,远视的度数随之相应降低。7岁以后少儿的眼睛从远视逐渐变为正常,10岁左右少儿眼球的大小已经快接近成人了。所以3~12岁是儿童视力发展的敏感期,孩子的年龄越小,眼睛可塑性就越大。并且10岁以前儿童的近视往往是"假性近视",若及时发现影响到双眼视觉功能的不良因素并给予纠正,视觉功能便可以恢复正常。但长时间在不佳的光线环境下近距离用眼,则会发展成"不可逆近视",即眼功能不能够恢复正常视觉。10~15岁的儿童,处于中小学时期,由于日益沉重的学业负担和频繁地长时间、近距离用眼,出现近视眼的比例逐年增加,是近视眼的高发人群。

■ 近视眼的预防措施

1. 避免过早进行早教,4岁以前,不宜让孩子做较精细的事情,如写字、画图等。

2. 环境光线照度(亮度)在300~500Lx左右最适宜阅读或书写,可以使用护眼光度笔对家庭环境光亮进行调节。

3. 近距离用眼时,眼睛离书本/电脑要保持适当距离(不小于30厘米),而且每隔45~50分钟应休息10~15分钟。

4. 多一些户外的活动，放松眼部肌肉与神经，促进眼部血液循环。

5. 多让孩子吃动物肝脏、鱼类、胡萝卜等富含维生素A、C的食物。

（4）青春痘

青春期时青少年激素分泌旺盛，造成皮脂腺分泌过多，产生黑头或者粉刺，严重时会产生炎症，形成"青春痘"，医学上叫作"痤疮"。保持规律的作息习惯和良好的个人卫生习惯，会有助于预防青春痘的生长。

■ **青春痘预防措施：**

1. 每日两次温水洗脸，清洁皮肤。
2. 少吃糖类、高脂肪和辛辣刺激性食品。
3. 避免使用含油脂较多的化妆品。
4. 切勿尝试道听途说的各种偏方。
5. 在正规医院医生指导下进行药物治疗。

青少年在青春期最重要的任务是获得生理的成熟和个体自主性。青春期产生的生理变化导致青少年的生理、心理和社会性发展方面都出现显著的变化，其主要特点是性成熟和自尊意识强烈，对异性和"性"充满好奇，自我价值、自我意识逐渐成熟并受到家庭、学校和社会多重约束。因此，父母需要时刻关注孩子身体形态的变化，对其进行生理知识的普及并引导他们正确地认识和看待"性"。

■ **青春期儿童家庭教育措施**

1. 根据孩子身体发育变化以及孩子的疑问，适时（通常8~9岁甚至更早5~6岁）向孩子普及生理知识，让其对人的生理和生殖有一个正确的认知。

2. 倾听孩子对自己生理变化的感受，让他们说出自己的真实想法，恐惧、好奇还是困惑。

3. 引导孩子正确看待外貌，不要拿他人外貌开玩笑。

4. 告诫孩子虽然生理上接近成人，但是其并不是真正成年，不能完全像大人一样思考问题和行为处事。

5. 当青少年谈论他们的感受时，应耐心倾听，不要过快地对他们的行为和态度进行批判和评价。

6. 不要觉得孩子什么都不懂，现在讲这些太早，等长大了就明白了。

扫一扫，了解更多：
青春期生理卫生指南

参考文献

1. Kail, Robert V. Children and Their Development[M]. 6th ed. Englewood Cliffs, N.J：Prentice Hall, 2011.

2. Berk, Laura E. Child development[M]. Boston：Pearson Education/Allyn & Bacon, 2009.

3. Mercer J. Infant Development：A Multidisciplinary Introduction[M]. Pacific Grove, CA：Brooks/Cole, 1998.

4. Feldman, R. S. Development across the life span[M]. 6th ed. Upper Saddle River, NJ：Prentice Hall, 2011.

5. 程永生,葛峥中. 子代身高性别对父母身高的回归分析[J]. 生物数学学报,2007,01:131-136.

6. 张丽,张建军. 影响青少年身高因素的探析[J]. 时代教育,2014,16:31-32.

7. 张瑛秋. 青春发育突增期(高峰年龄)不同发育类型学生体质特征及健康促进[D]. 北京体育大学,2002.

8. 金春华,李瑞莉,张丽丽等.《中国儿童发育量表》修订及效度研究[J].中国儿童保健杂志,2014,12:1242-1246.

9. 田庆兰.初中生青春期家庭教育方式研究[D].华中师范大学,2013.

10. 孟静静."初中生青春期性教育"校本课程的开发与实施研究[D].华东师范大学,2009.

11. 丁宗一,黎海芪,朱逞等.儿童生长发育及其障碍[J].中国实用儿科杂志,2002,12:705-719.

第 1 章
成长的营养需求

膳食均衡是健康饮食的基础

营养是人类维持正常生命、从事生命活动等必不可少的物质基础,食物中的营养物质构成了人类能量的来源,食物营养不足则会造成儿童青少年生长发育的迟缓。因此家长应当做到在儿童青少年生长发育期间,保证孩子摄入质优量足的营养,并保证维生素和矿物质(钙、铁、锌等)之间的平衡。特别在儿童青少年两次生长发育的突增期内,营养供应不足,会造成儿童发育迟滞、身材瘦小、体重偏瘦、智力比同龄人低下等严重后果。如我国城市的孩子比农村同龄人平均高出 2~4 厘米,造成这一现象的最直接原因就是城市营养要好于农村。但是,凡事过犹不及,孩子营养的摄入亦是如此,营养供给不足不利于孩子的成长,营养过剩亦会带来负面影响,比如食物营养过剩则会增加发生慢性疾病的风险。所谓"慢性病"是指不构成传染、长期积累后形成的疾病,主要包括心脑血管疾病(高血压、冠心病、脑卒中等)、慢性肺部疾病(慢性气管炎、肺气肿等)、糖尿病、恶性肿瘤、精神异常等。当儿童青少年的营养摄入过多则会增加患慢性疾病的风险,因此,家长需要平衡孩子的膳食和营养元素的摄入,防止出现营养不足或者营养过剩的情况。

膳食含有人体需要的各种营养素,且各种营养素之间数量平衡,含量适当,能全面满足机体需要,这种膳食称为平衡膳食。

■ 关于营养的几个基本概念

营养素：食物中对机体有生理功效，而且为机体正常代谢所必需的成分，例如蛋白质、矿物质等。

营养不良：由于一种或几种营养素的缺乏或过剩所造成的机体健康异常或疾病状态。

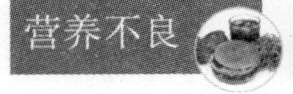

营养均衡：膳食含有人体需要的各种营养素，且各种营养素之间数量平衡，含量适当，能全面满足机体需要，这种膳食称为平衡膳食。

凡是维持人类新陈代谢的物质都可以称为营养素，例如水、矿物质元素钙、铁、蛋白粉等。人体所需的营养按照营养素的种类可以分成5大类，分别是：菌物果蔬、谷物杂粮、动物食物、油脂水盐以及豆奶制品。当一种或者多种营养素缺乏或者过剩则会造成营养不良。例如每100克鸡蛋中约含蛋白质10克、脂肪0.1克、碳水化合物1克及钙19毫克、磷16毫克等；而每100克大白菜中约含蛋白质0.8克、碳水化合物1.5克、膳食纤维0.3克、钙42毫克、磷25毫克、维生素C 13毫克等。鸡蛋中所含的蛋白质、脂肪等营养素显然超过了大白菜，但是大白菜中膳食纤维、微量元素和维生素则超过了鸡蛋。倘若饮食结构中缺乏果蔬类则会造成膳食纤维和维生素的缺乏，而饮食结构只以果蔬为主，则会导致蛋白质的缺乏，都会引起营养不良。每种食物都能为我们提供特定的营养，只有保持食物多样化，才能均衡地摄取各种营养物质。水果和蔬菜都能提供膳食纤维和维生素等营养物质，但是蔬菜和水果所含的营养成分并不完全相同，不能相互替代，通过多食水果来替代蔬菜也会造成营养失衡。儿童所摄取的营养不仅仅用来维持日常的生命活动，例如运动、学习等，还需要用来促进身体的生长。儿童的饮食应该保持食物的多样性，以谷类为主，多吃新鲜蔬菜和水果，经常吃适量的鱼、禽、蛋和瘦肉，烹饪方式选择煮、蒸、炖、烧，减少腌渍、烧烤、油炸等加工方式，每天饮奶，常吃大豆及其制品，经常变换食物花样、调整口味，培养健康的饮食习惯。

扫一扫，了解更多：
儿童膳食均衡指南

食物按照营养要素可以分成五大类：

食物种类	营养	来源
菌物果蔬	膳食纤维、矿物质、胡萝卜素、维生素以及有益健康的植物化学物质	蘑菇、平菇、香菇，萝卜、白菜、青椒，苹果、西瓜、凤梨等
谷物杂粮	蛋白质、脂肪、矿物质和B族维生素和维生素E	大米、小米、小麦、玉米、红薯、绿豆、红豆等
动物食物	蛋白质、脂肪和矿物质	鸡鸭鱼肉，海鲜等
油脂水盐	脂肪酸、磷脂、水、无机盐	油盐酱醋等
豆奶制品	蛋白质、脂肪、矿物质和B族维生素和维生素E	豆腐、豆奶、豆浆等

营养不足和营养过剩统称为营养不均衡或者营养不良。营养不均衡会给孩子的健康造成消极影响。因为营养不均衡会造成隐形饥饿（hidden hunger）情况的出现，隐性饥饿是指人体没有饥饿感，但是身体的细胞缺乏必需的维生素和矿物质，例如维生素A、B2，微量元素铁、锌、钙等，使得细胞处于一种"饥饿"的状态。通常，隐形饥饿没有明显的症状，表面上看起来"一切正常"，但是实际上其间接地对身体产生了负面的影响。例如，儿童的身体缺乏铁元素，则会影响他的智力发育、学习能力和成年后的劳动能力；对于

育龄妇女、孕妇和产妇,铁缺乏则会导致胎儿和婴儿的低体重率和孕妇、产妇死亡率的上升。再比如维生素 A 的缺乏,会减缓儿童的生长发育进程,并且使得儿童疾病如腹泻、感冒的发病率上升。

儿童易感冒,可能是隐形饥饿引起的,饮食中缺乏维生素A!

饮食不均衡,有一种饥饿叫隐形饥饿

总体来说,我国是处于中度隐形饥饿的国家,维生素 A 缺乏尤其严重。并且由于我国居民膳食中植物性食物占主要部分,铁的吸收率极低,仅为 3% 左右,因而缺铁性贫血也是我国人群中普遍存在的营养问题,尤其是儿童、育龄妇女、孕妇和乳母。并且农村儿童的贫血问题要比城市严重,根据数据显示,城市 5 岁以下儿童贫血率为 12.3%,农村为 26.7%,并且农村 6~12 个月的儿童其贫血率可达 50%,是城市的 1.9 倍。由此可见,我国普遍存在着儿童青少年的营养不均衡问题,这种情况需要家长引起重视,要时刻关注孩子的营养摄入是否均衡,让孩子养成良好的饮食习惯,防止隐形饥饿情况的出现。

微量元素缺乏及其影响

微量元素	生理功能	缺乏后可能引起的病变
钙	构成骨骼和牙齿的成分,促进体内酶的活孩,维持神经和肌肉的活动,调节正常生理功能	佝偻病,骨质疏松
碘	促进蛋白质的合成和神经系统发育,调节新陈代谢,促进维生素的吸收	甲状腺肿大,智力迟钝

续表

微量元素	生理功能	缺乏后可能引起的病变
铁	参与体内氧的运送和组织呼吸过程,维持正常的造血功能	贫血和眩晕
锌	促进生长发育,促进机体免疫功能,维持细胞膜结构,合成味觉素,对皮肤和视力有保护作用	感染、腹泻、食欲不振
维生素A	视紫红质合成,上皮、神经、骨骼生长发育,免疫功能	夜视力低下,免疫力低下
维生素C	抗氧化作用参与神经调节和激素分泌	婴儿:贫血 儿童:神经病变,肌病无力
维生素D	调节骨代谢,主要调节钙代谢	佝偻病
维生素E	抗氧化,与生殖发育相关	加速衰老,影响生殖发育

养成良好的饮食习惯是保证儿童青少年健康成长的重要条件,主要是在幼年时期养成。良好的饮食习惯要求儿童的饮食中包含水果、蔬菜、谷物以及豆类等,这些食物中含有丰富的抗氧化物质、植物化学成分以及纤维,能够帮助儿童抵抗疾病和控制体重,对儿童的生长发育有着重要意义。经研究发现,5岁以下儿童饮食健康更多被认为是家庭的责任,因此父母需要对孩子的食物进行把关,帮助孩子养成良好的饮食习惯,来促进儿童青少年的健康成长,减少隐形饥饿的发生。具体说来,需要父母做到:

- 0~6个月,纯母乳喂养
- 4~6个月后,及时添加辅助食品
- 2岁后养成健康的饮食习惯,根据生长需求,适当补充维生素和矿物质元素

婴幼儿饮食注意事项

对于 0~6 个月大的婴儿，推荐使用母乳喂养（世界卫生组织和世界儿童发展基金会推荐母乳喂养到 2 岁）。虽然母乳看似比牛奶稀薄，但其所含的营养最全面、最充分，对于宝宝来说更容易消化吸收，并且母乳中含有抵抗多种疾病的抗体，母乳喂养的宝宝生病的概率会相对较低，因此母乳喂养更利于宝宝的健康。但同时，我们需要注意到，母乳喂养的宝宝往往维生素 D 不足，应当按照医嘱服用适量鱼肝油，还需多晒太阳。并且母亲自身的营养也需得到保证，如果母亲自己营养不良，母乳的质量便会受到影响，进而影响宝宝的健康。而母乳的质量好坏情况，可以通过宝宝的生长情况（生长曲线）进行判断。

母乳的成分和营养物质

脂肪	碳水化合物	蛋白质
由多种脂肪酸构成，其中多不饱和脂肪酸如亚油酸、α-亚麻酸、花生四烯酸（ARA）、二十二碳六烯酸（DHA）	母乳中最主要的碳水化合物是乳糖，含量高于牛乳。乳糖中的一部分用于能量代给，另一部分被乳酸杆菌等有益菌群利用生成乳酸，抑制肠道腐败菌的生长。	蛋白质种类、比例优于牛乳，利于消化，牛磺酸是牛乳的 10~30 倍，能够促进神经系统和视网膜的发育

维生素和矿物质	免疫活性物质	其他生物活性物质
含有充足的维生素和矿物质元素	含有大量分泌性免疫球蛋白、乳铁蛋白以及溶酶菌、双歧因子等，提高免疫力，防止细菌感染	胆汁和表皮生长因子，促进营养物质的吸收

婴儿 4~6 个月龄后，需要在母乳喂养的基础上，添加额外的辅食。一方

面是满足其生长发育的营养需求,另一方面让婴儿逐渐从以乳类为主的食物向以谷物为主的食物过渡。另外这个阶段是婴儿生长迟缓率高发阶段,据统计,6个月以下儿童约有15%生长迟缓,所以父母更需要注重孩子多种营养的摄入,将母乳和适当的辅食搭配更利于婴儿的成长。

辅食包括果汁、菜汁等液体食物,米粉、果泥、菜泥等泥糊状食物以及软饭、烂面、切成小块的水果、蔬菜等固体食物。需要指出的是,泥糊状辅食不是"副食",是主要食物之一,它与液体食物(母乳或配方奶粉)同样重要,缺一不可。因此,父母要对泥糊状食物产生足够的重视,保证宝宝泥糊状食物的摄入量。单一食物只能提供有限的营养物质,因此宝宝进入幼儿期后,父母需要注意多种食物的合理搭配,以防止儿童产生偏食、挑食和细胞隐形饥饿的情况。

月龄	辅食种类
4~6个月	谷物及蔬果类。如:米糊、菜泥、水果泥
6~9个月	谷类,鱼类,肉类,蛋类。如:粥、烂面、鱼泥,蛋黄到全蛋、肉末、块状水果、动物血、碎菜
9~12个月	软饭、面条、馒头、碎菜、碎肉、豆制品以及这类食物的混合使用。

扫一扫,了解更多:
中国婴幼儿喂养指南

儿童挑食

当宝宝1岁多可以自己用匙进食时,因为手指和肌肉的发育还不完善,不能很好地使用匙,吃饭时会把食物弄得乱七八糟或者直接下手抓。在这个时候父母应克制自己负面的情绪,给予孩子更多的鼓励,逐渐培养孩子保持饭桌整洁的能力。其实儿童不能保持饭桌的整洁,主要是因为手指功能还没有发育完善,只要家长给予孩子足够的学习机会,正确地对待孩子饭桌整洁的问题,等到2岁时,孩子就能很好地自己进食了。若家长一味地不耐烦或者置之不顾,宝宝会对用匙进食不感兴趣,就需要父母更长时间地喂孩子进食,这样反而不利于孩子养成健康的饮食习惯。

到了2岁后,幼儿易受环境影响,产生偏食、挑食的坏习惯。挑食其实是一种正常的现象,多数情况下,当孩子表现出挑食的时候并不是意味着他们不喜欢这个食物,有时甚至他们都没尝过这个食物,这只是他们用来表现自己独立性的一种方式。孩子会通过挑食来观察父母的反应,以确定父母的容忍度和自己的自由度。因此家长在这个时候要表现得冷静,尽量忽略这件事,因为父母越关注这件事情,越会助长孩子的挑食行为。父母需要明白孩子不喜欢某些食物的形状或颜色、不喜欢特定的食物或者孩子经常变换自己的喜好食物都是正常的现象,这些都是孩子成长过程中的一部分,是他们探索周围的环境和评估自己独立能力的一种表现。这种挑食现象并不会伴随孩子一生,因为孩子的胃口取决于他们当天的活动量和成长速度,随着孩子逐渐长大,挑食现象会有所好转和缓和。

■ 面对孩子挑食,父母的措施

1. 让吃饭时间变得轻松,一家人在一起愉快地吃饭,不要把生活、工作的压力在饭桌上表现出来。

2. 不要尝试通过父母的权威来强迫孩子吃饭,可以采用让孩子尝试所有的食物,或者是只吃几大口的方式来帮助进食。

3. 给孩子一些选择的机会,例如告诉孩子可以吃馒头不吃馒头皮,或者从几种不喜欢的食物中选择一种,其他的可以不吃等。

4. 父母可以把食物做得更加有趣,有时可以让孩子参与到食物制作过程中,培养孩子对食物的兴趣。

5. 有些孩子会被电视分心而不愿吃饭,因此吃饭时,父母应当关掉电视、电脑,让孩子养成专心吃饭的习惯。

6. 在饭前15分钟让孩子处于安静的状态,不要有情绪的起伏(兴奋或者伤心),这样有助于孩子安静吃饭。

7. 经常让孩子和其他孩子一起吃饭,这样受其他孩子的影响,可能会一起吃一些平时不爱吃的饭菜。

零食及营养补充品

3～5岁是培养儿童良好饮食习惯的重要时期,这个时期的孩子往往喜欢在正餐时间外食用各种零食或饮料。需要家长注意的是,大部分零食往往只注重口味,而忽略营养价值,儿童自制能力差,被零食的"美味"吸引,容易吃零食上瘾。可一旦零食吃多了,在正餐时间就不能认真吃饭。零食只是日常膳食的组成部分,不能代替正餐!如果家长不对孩子的零食摄取进行限制,长此以往会造成孩子营养不良的情况,当然,这种营养不良需要一段时间的累积后才会表现出症状。另一方面很多家庭正餐虽然看起来很丰盛,但是由于儿童不恰当食用零食造成正餐的实际摄入量很少,也会造成孩子的营养不良。父母只有保证每日膳食的合理、平衡才能满足儿童青少年的营养需要,促进健康发育,父母需要注意给孩子提供健康的零食并控制摄入量,防止孩子沉溺于零食而对正餐失去兴趣。

■ 孩子零食的选择标准

1. 零食的选择不能只凭口味而忽略营养价值。

2. 多选用奶类、水果和蔬菜类、坚果类等新鲜食物。

3. 购买正规厂家生产的零食,选择有食品质量安全"QS"标志的食品。

4. 根据实际运动和学习需求,在正餐之间适当选择零食,但是每天次数不超过3次,每次不能过多。

5. 在休闲聚会、看电视的情况下，警惕无意识过量食用零食，选用少量小包装的零食。

6. 少吃油炸、含糖过多、过咸的零食。

扫一扫，了解更多：
儿童青少年零食选择指南

如何阅读食物的营养标签

营养标签是指导和规范食品营养的标示，它可以引导消费者合理选择食品，从而促进膳食营养平衡，保护消费者知情权和身体健康。从2013年1月1日起，我国强制性要求预包装食品营养标签上要明确标注各类营养素含量。营养标签通常包括营养素项目、含量和营养素参考值三大项内容。营养标签的营养素项目表明了该类食品所具有的营养种类。通常营养标签中影响项目含有"1+4"项内容，"1"是指食品所含有的能量信息，"4"是指4个核心营养素（蛋白质、脂肪、碳水化合物和钠）的含量。能量、蛋白质、脂肪、碳水化合物以及钠是必须包含的信息，除此之外食品厂商还会额外标注钙、锌、维生素C等营养素的含量以突出食品的特色。营养素含量表明了该营养素在食品中的具体含量。每份食物中能量值超过400千焦说明该种食物的含有的能量太多了，需要限制食用，且食物中含有的脂肪、胆固醇以及盐（钠）的含量越低越好。"营养素参考值%"即NRV（Nutrient Reference Values）表示一份该食品中所含该营养成分占全天应摄入这种营养素量的百分比。营养素参考值是每天摄入该类食品的上限的参考值。例如下图食品标签中，能量的营养素参考值是7%，也就是说该类食物吃15份（7%×15 = 105%）就能提供一天所需要的能量。超过15份就会造成能量摄取超量。还可以粗略使用营养素参考值和能量的比值计算营养质量指数（Quality Index Number），对食物营养价值进行综合评价。当INQ=1时，说明食物中该营养素与能量供给可使个体营养需要达到平衡;当 INQ＞1 时,说明该食物的营养供给量高于能量的供给,营养价值高;当 INQ＜1 时,说明该食物的营养供给量低于能量的供给,营养价值低。例如下图中食品营养标签显示蛋白质营养素参考值是 3%,能量是 7%,则 $INQ = \frac{3\%}{7\%} \approx 0.4 < 1$,说明该食品营养价值低;而脂肪的营养素参考值是 7.7%,那么 $INQ = \frac{7.7\%}{7\%} \approx 1.1 > 1$,说明该种食物是高脂肪食物,需要限制儿童的食用。4 岁以下的儿童食品和专用于孕妇的食品属于特殊营养食品,不在普通营养物质标签里。

■ 食品营养标签阅读示例

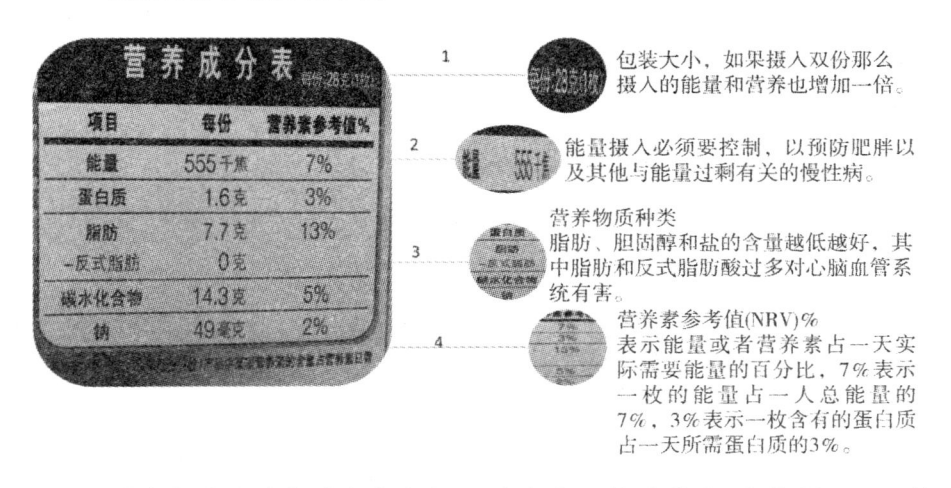

1　包装大小,如果摄入双份那么摄入的能量和营养也增加一倍。

2　能量摄入必须要控制,以预防肥胖以及其他与能量过剩有关的慢性病。

3　营养物质种类
脂肪、胆固醇和盐的含量越低越好,其中脂肪和反式脂肪酸过多对心脑血管系统有害。

4　营养素参考值(NRV)%
表示能量或者营养素占一天实际需要能量的百分比,7% 表示一枚的能量占一人总能量的 7%,3% 表示一枚含有的蛋白质占一天所需蛋白质的 3%。

营养成分表(每份 28 克/枚)

项目	每份	营养素参考值%
能量	555 千焦	7%
蛋白质	1.6 克	3%
脂肪	7.7 克	13%
－反式脂肪	0 克	
碳水化合物	14.3 克	5%
钠	49 毫克	2%

该种食物是某种类型的蛋黄派,一份包含一枚蛋黄派,重量 28 g。一枚该类蛋黄派含有的能量 555 千焦,约占每天所需能量总额的 7%;每份含有蛋白质 1.6 克,约占每天所需蛋白质的 3%;每份含有脂肪 7.7 克,约占每天所需蛋白质的 13%;每份含有碳水化合物 14.3 克,约占每天所需碳水化合物的 5%;每份含有钠 49 毫克,约占每天所需盐的 2%。该类食物含有高能量高脂肪,儿童每天的食用最好不要超过两个。

儿童保健品市场中，保健品与药品概念相混淆

　　儿童机体内器官和细胞的功能十分活跃，随着体内生长激素的分泌增多，儿童的生长发育也会更加迅速。由于这种迅速生长发育的需要，儿童每日所需要的蛋白质、维生素、矿物质以及微量元素均比成人要多，而任何一种营养素的缺乏，都会给儿童的成长带来危害。因此，很多家长选择通过给儿童补充保健品来满足营养物质的供给。据资料显示，中国已成为儿童保健品的消费大国，超过30%的儿童在长期食用保健品，这要求家长更应该学会辨别儿童保健品，防止滥用、错用保健品。在给孩子选择保健食品的时候选择含有"蓝帽子"标示、正规厂家生产的保健食品。如果保健食品的宣传中含有"治疗""显著提高""显著降低"等词汇，则应该谨慎购买。保健食品是指具有特定保健功能或者以补充维生素、矿物质为目的的食品，适宜于特定人群食用，具有调节机体功能，不以治疗疾病为目的，并且对人体不产生任何急性、亚急性或者慢性危害的食品。

　　正规的保健食品会在产品的外包装盒上标左图蓝色"帽子"标志。下方会标出该保健品的批准文号，"国食健字【事号】××××号或"卫食健【年号】××××××号"。其中"国"和"卫"代表国家食品与药品监管局和卫生部（现卫计委）批准。

扫一扫，了解更多：
儿童营养保健品批号查询

■ 保健品和药品的区别

　　保健品不具备治疗效果，凡是标注含有治疗功能的保健品统统都不是符合国家食品与卫生监管局规定的正规产品。例如某种保健品只能标注辅

助改善记忆而不能宣传其可以"提高记忆力"。

父母在看到保健品对儿童营养供给方面意义的同时,也需要认识到虽然儿童保健品中含有儿童生长发育所需要的微量元素和维生素等营养物质,但是单方面地强化某一方面的功能,可能会破坏机体的平衡,反而对孩子的健康不利。例如孩子过量补钙则会影响骨骼发育,过量补锌则会出现性早熟,过量补铁则会出现腹泻,长期服用蜂王浆会导致孩子内分泌失调和性早熟,甚至肥胖。因此,当孩子表现出某种微量元素缺乏症状时,父母切勿擅自给孩子吃药,最好先进行食物补充,并定时和医生联系,谨遵医嘱,正确地、有针对性地让孩子食用保健品。

■ 过量补充营养素的危害

营养素	过量影响	富含食物
钙(Calcium)	便秘,胆结石	虾皮、虾米、黑芝麻、苜蓿、全脂牛奶
锌(Zinc)	破坏免疫力,降低铜的吸收	海蛎肉、小麦胚粉、口蘑、白菇、红肉、坚果
铁(Iron)	铁中毒	鸡血、鸭血、猪肝、蚌肉、黑芝麻、藕粉
硒(Selenium)	恶心、呕吐、脱发、神经损伤	海参、牡蛎、猪肾、豌豆、青鱼、红肉、小麦胚粉
维生素A(Vitamin A)	肝功能损伤和腹泻	深绿色或红黄色的蔬菜和水果、动物肝脏、鱼肝油、禽蛋
维生素C(Vitamin C)	腹泻、恶心、痉挛	深色蔬菜:豌豆苗、花菜、柑、橘、橙、柚、草莓等水果

续表

营养素	过量影响	富含食物
维生素D（Vitamin D）	厌食,多尿,心律不齐,心肾功能衰竭	海水鱼、动物肝脏、蛋黄
烟酸（Niacin）	肝功能损伤、消化不良	动物内脏、谷物、豆类
叶酸（Folic acid）	干扰B12缺乏的诊断、影响锌的吸收	肝、肾、鸡蛋、豆类、绿叶蔬菜、水果及坚果

某种营养素过量造成的影响通常都是因为过量补充而非从食物中摄入过量引起的。在食用保健品时，需要仔细阅读说明书。

含有下列功能的保健品，不适宜儿童服用：

抗氧化　缓解体倦疲劳　减肥　辅助降血脂　辅助降血压

改善睡眠　祛痤疮　祛黄褐斑

含有大补成分例如人参、蜂王浆、鹿茸等和含有生长激素、性激素的食品不宜儿童使用。

参考文献

1. Whitney, Ellie and Rolfes, Sharon Rady. Understanding Nutrition[M]. 13th ed. Wadsworth, Cengage Learning, 2013.

2. Willett, Walter C., Skerrett, Patrick J. Eat, Drink, and be Healthy: The Harvard Medical School Guide To Healthy Eating[M]. New York: Free Press (Simon & Schuster), 2005.

3. Campbell T., Campbell T. The China Study [M]. Dallas: Benella Books, 2005.

4. 蔡佳音. 我国5岁以下儿童营养问题及影响因素研究[D]. 北京协和医学院,2013.

5. 常素英,何武,陈春明. 中国儿童营养状况15年变化分析——5岁以下儿童生长发育变化特点[J]. 卫生研究,2006,06:768-771.

6. 常素英,何武,贾凤梅,等. 中国儿童营养状况15年变化分析——5岁以下儿童贫血状况[J]. 卫生研究,2007,02:210-212.

7. 朱本浩. 警惕"隐形饥饿"钙缺乏[J]. 健康天地,2007,01:70.

第 5 章
成长的运动需求

婴幼儿的运动能力发展特点

孩子的第一声哇哇大哭，标志着一个可爱的小生命的诞生！每个生命来到人世的第一个动作、第一个活动、所做的第一件事就是"哭"，哭（Crying）是婴儿在没有学会说话前，与父母进行沟通，告诉父母自己不舒服的主要方式。婴儿哭声通常包含着三层含义：

1. 生理性啼哭。声音响亮而不刺耳，富有节奏感，常常哭而无泪，暗示婴儿饿了、渴了，需要父母赶快进行喂养和安抚；

2. 情绪性啼哭。哭一会停一会，安静时伴随快速抽泣，主要是表达自己的负面情绪，例如父母离开时间过久；

3. 疾病性啼哭。一阵一阵的，安抚后继续哭，持续时间长，伴随食欲不振，排泄不良，暗示婴儿可能出现疾病状况，父母需要警惕，尽快去医院检查。

或许会有家长疑惑该如何正确地辨别婴儿的这三种哭声，其实，当父母与婴儿之间彼此越来越了解后，就能够自然而然地分别出不同哭声所代表的含义。可以说哭是婴儿的第一个运动，随着自身的成长，婴儿会逐渐掌握其他的运动，而见证孩子的这种成长，正是给父母最好的礼物。如某一天（通常出生100天内），父母会突然发现婴儿在对自己微笑，经历过多少个日夜无眠的操劳，在这个时刻，体验到生命的喜悦，一切的努力都是值得的。在掌握了基本的哭和笑后，随着婴儿身体和大脑的快速发育，会逐渐学会像抓握、爬行这类简单动作，再到慢慢地学会行走。婴儿在不同的年龄段会表现出不同的动作水平,这种动作水平的发展是一个有系统有步骤的过程,并且每一种新掌握的运动技能都会为婴儿掌握新的技能做好准备。如刚出生的婴儿具备了控制头部转动的能力,在俯卧的情况下,很多婴儿都需要通过抬头翻身;而在出生后4个月左右,几乎所有的婴儿都可以在被抱着或坐着时挺直脑袋;到6月龄的时候,则能够在没有支撑的情况下坐着;8个月左右,他们就可以在没有辅助的情况下呈现一个漂亮的坐姿了。再例如一般来说,7个月大的婴儿需要依靠大人的搀扶或者扶着其他东西才能够站立;11个月大时,大部分婴儿则能够独自站立;而婴儿在1岁时通常能够独自站得很稳了,再往后,随着年龄的增长,最终达到婴儿动作发展中最重要的成就——学会走路。

■ 婴幼儿动作发展的里程碑

动作技能种类	50%婴幼儿掌握此技能时间	90%婴幼儿掌握此技能时间
翻身	3.2月大	5.4月大
抓握玩具	3.3月大	3.9月大
独立坐立	5.9月大	6.8月大
扶着站着	7.2月大	8.5月大
指尖抓捏	8.2月大	10.2月大
独自站稳	11.5月大	13.7月大
行走良好	12.3月大	14.9月大
搭积木	14.8月大	20.6月大
爬楼梯	16.6月大	21.6月大
跳跃	23.8月大	2.4岁大
画圆	3.4岁大	4岁大

大运动发展特点:2月抬头,4月翻身,6月坐起,8月爬行,10月站立,周岁会走,2岁能跑,3岁会跳。

精细运动:3、4月吃手,5、6月抓物,7、8月换手,周岁涂鸦,2岁叠纸,3岁搭桥。

是否应该使用学步车来帮助孩子学习走路?

为了更好地帮助孩子学会走路,很多国家的家长都会选择借助婴儿学步车。然而,学步车可能会婴儿限制的动作技能发展,从而让婴儿的动作技能发育迟缓。这是因为婴儿骨骼中含钙少,骨骼较软,过早过多使用学步车行走,容易出现"X"或"O"形腿,而且长时间坐在学步车中,会限制儿童手、眼、脚的协调配合,造成婴儿的平衡能力差。同时学步车还能对婴儿造成额外的伤害,例如由于速度太快,可能会导致婴儿从楼梯上摔下来,撞上热水器等意外事故。事实上已经有很多国家都认识到学步车的弊端,如美国儿科学会已经提议禁止生产和销售学步车(AAP Committee on Injury and Poison Prevention, 2001b)。所以,父母应该尽量不用学步车,让孩子顺其自然、一步一个脚印地逐渐学会走路。让孩子经历爬行、尝试走路、跌倒、再站起来的这个循序渐进的过程,这些实际上都是婴儿健康的发育成长过程中的一部分,父母应该陪着孩子一起经历这些过程,而不是刻意地寻求捷径。

"学步儿童"恰当地描述了大多数1~2岁婴幼儿的特征,当他们跟跟跄跄地急于奔跑时,经常会摔倒或者被地面的物体绊倒。但是随着儿童的生理发育的成熟,儿童的动作技能也会发生翻天覆地的变化。比如2岁时,幼儿开始可以一层一层地爬楼梯,他们会先迈一只脚,等站稳后,然后迈出另一脚,站在一个新台阶上后,会互换两只脚的顺序,再迈向下一层楼梯。到了2岁半的时候,幼儿也学会了下楼梯。至三岁半时,大部分儿童能够单脚站立并保持短暂的平衡,同时也学会了单脚跳,可以看出儿童逐渐可以掌握更多精细、高效的运动技巧了。可能3岁的小孩子系纽扣、系鞋带、学习使用筷子还比较困难,但是到5岁时,儿童一般可以独自完成所有这些动作了。在跑动时,他们可以像成人一样摆动胳膊,其平衡能力也已经提高到了相当水平,一些儿童甚至可以学习骑自行车。这个时期父母需要注意的是,此时学龄前儿童运动技能有了很大的进步,大都可以进行精细动作控制,例如画画、搭建积木,但是这些技能掌握还不够完善和熟练,在对孩子进行学前教育的时候,应该避免让孩子过多参与精细操作,例如写字和练琴等,同时注意对孩子视力的保护。同时父母需要对孩子进行适当约束,因为一些大胆的或者性格活泼的儿童可能在玩耍时意识不到危险的存在,而造成撞伤、摔伤甚至骨折等意外。

■ **童年早期的运动技能发展**

3 岁	4 岁	5 岁
不能突然或快速地转向或停止	能对停止、开始和转向的控制更加有效	在游戏中更有效地开始、转向和停止
能跳 38~61 cm	能跳 58~84 cm	能跳 71~91 cm
能独立交替使用双脚爬楼梯	在他人的帮助下,能交替使用双脚走下更长的楼梯	能独立使用双脚走下更长的楼梯
能单脚跳,主要是蹦蹦跳跳	能单脚跳 4~6 步	能轻松地单脚跳十几步

资料来源:corbin,1973

左手还是右手?

3 岁儿童开始偏好使用左手或者右手的现象称为利手现象。大量研究表明在孩子出生后 7 个月,没有左右手的使用倾向,大约到 3 岁时才稍呈右利手趋势,在 5 岁前儿童在使用左右手上还没有稳定下来。一般来说,儿童使用左右手的偏好受到遗传和文化的影响。世界上大约有 90% 的人是用右手执行高度技巧性的劳动操作。中国传统的风俗习惯以右为尊,因此儿童从小被教导使用右手写字、拿筷子吃饭。如果孩子用左手就要被家长、老师纠正过来。所以,在中国人群中左利手仅占比 0.2%,绝大部分都是右利手,并且男女差异不大,要远远低于西方国家的左手所占比值。很多家长会疑问左右手的使用是否和孩子的智商有联系,是不是左利手的孩子会更聪明,实际上左右手使用偏好和智商之间没有明确的关系(Harriman P. 1933,Peters M. 1991)。在中国使用右手,其实是更好地适应中国长久以来的社会习俗,所以在孩子左右手的使用没有明确的时候,父母应当首先尝试培养孩子使用右手,但如果孩子对使用右手非常别扭,则可以换成左手。当然如果父母是左利手,孩子是左利手的可能性更高一些。其实没有必要刻意去培养孩子使用左手,或者当孩子习惯使用左手而非要其改正使用右手,只要顺其自然就好。

"左手儿童的直接观察判断能力较强,空间思维及想象力好,具有音乐、绘画等天赋,但是计算能力不是很好,语言表达及书写能力较差;右手儿童的逻辑思维能力强,语言表达能力强。"

这种说法不具备科学依据

每天1小时,健康一辈子

运动不仅是孩子成长过程的必备活动,更是健康生活的保障。6岁后儿童已经具备了从事精细和大肌肉群运动的能力,例如乒乓球、游泳,需要相应的运动来促进运动能力的发展。体育活动最直接的效果就是增强儿童身体素质,提高运动技能水平。运动是能量消耗的关键决定因素,因而也是维持能量平衡和控制体重的基础。身体活动与肌肉力量呈正相关,儿童和青少年每周参加2~3次强壮肌肉的活动可以显著增强肌肉力量,同时体育活动也降低了身体脂肪含量,经常参加体育活动,能够降低肥胖发生率,使体态更加优美。并且儿童身高的增长最主要的原因是体内骨骼的增长,青少年骨骼正处于骨化阶段,可塑性大。在体育活动中,骨骼承受各种运动负荷的刺激,利于骨骼的营养的供给,新陈代谢的加强也促进骨骼的生长发育,从而有利于身高的增高。身体活动提升了自身的心肺运动能力,可以提高身体氧气供应和加速新陈代谢,降低慢性疾病发生的可能性。大量科学研究证据表明有规律地进行身体活动可以减少患冠心病、卒中、2型糖尿病、高血压、结肠癌、乳腺癌和抑郁症等疾病的风险。除此之外,体育活动对神经系统的全面发展也有着重要的影响。运动也能提高身体协调性、灵敏性,增快反应速度、还能提高大脑的认知能力,促进知识的学习和逻辑思维的发展。

运动对儿童青少年健康的影响			
健康效益	运动频率	运动时间	运动强度	运动方式
减低体脂含量	每周3~5次	30~40分钟	中等强度以上	有氧运动
改善身体代谢(高密度脂蛋白、甘油三酯)	持续每天进行身体活动			
提高心血管能力	持续每天进行身体活动			
有氧能力增强	每周2~3次		多元化有氧活动	
促进心理健康(抑制焦虑、抑郁)	持续每天进行身体活动			
预防运动损伤	每周3次	10~40分钟	中等强度以上	体育课
提高骨密度	每周2~3次	10~60分钟	中等强度以上	负重活动
增强肌肉力量	每周2~3次	30~45分钟	耐力中强度多次重复,爆发力高强度运动	渐进性大肌群抗阻联系

资料来源:儿童青少年身体活动询证医学研究(Evidence based physical activity for school-aged youth)。

1979年国家体育委员会联合教育部、卫生部等对我国16个省市的省会城市青少年进行体质调查。此后分别在1985年、1991年、1995年、2000年、2005年、2010年对全国学生进行了6次监测。中小学学生身体素质逐渐下滑趋势得到一定的遏制，但是肥胖率增加；大学生身体素质则继续呈现缓慢下降。数据显示20岁以下的中国男孩中，有23%超重或肥胖，女孩中该比例为14%，这些数字远远超过了包括日本和韩国在内的其他高收入国家。缺乏运动是造成身体素质差的最重要原因。长久缺乏运动使得身体运动能力下降，更严重的会增加多种慢性疾病发病的风险。据估计，身体不活动是造成约21%~25%的乳腺癌和结肠癌、27%的糖尿病和30%的缺血性心脏病负担的主要原因。中国《国家中长期教育改革和发展规划纲要（2010~2020年）》明确指出要增强学生体质。学生应科学安排学习、生活、锻炼，保证睡眠时间。大力开展"阳光体育"运动，保证学生每天锻炼一小时，不断提高学生体质健康水平。国家教育制度改革层面明确了学生体质在基础教育环节的重要性。《国家学生体质健康标准（2014年修订）》（以下简称《标准》）中规定，中学生测试成绩评定达到良好及以上者，方可参加评优与评奖；成绩达到优秀者，方可获体育奖学分。测试成绩评定不及格者，在本学年度准予补测一次，补测仍不及格，则学年成绩评定为不及格。普通高中、中等职业学校和普通高等学校学生毕业时，《标准》测试的成绩达不到50分者按结业或肄业处理。在中考中，体育成绩属于中考成绩一部分。国家在教育制度层面通过将体育成绩与学业成绩挂钩的方式提高学生身体素质。因此家长更应该鼓励孩子积极参与体育活动，不仅仅是为了获得更好的学业成绩，更能够为孩子带来积极健康的生活方式，调节成长过程的压力，打下终身健康的生命基础。

世界卫生组织（WHO）制订了《关于身体活动有益健康的全球建议》，倡议5~17岁年龄段儿童青少年为增进心肺、肌肉和骨骼健康，提高身体的柔韧性和协调性，减少慢性非传染性疾病风险，应参加充足的身体活动。身体活动（physical activity）指由于骨骼肌收缩产生的机体能量消耗增加的活动。

参与身体活动时，人体的心跳、呼吸加快，循环血量增加，代谢和产热加速等，这些反应是身体活动产生健康效益的生理基础。身体活动包括在家庭、学校和社区中的玩耍、游戏、交通往来、家务劳动、娱乐等。与身体活动相对应的是久坐行为（sedentary behavior），久坐或者是躺下（睡觉除外）的行为，例如看电视、玩手机都属于久坐行为。每天至少累计完成 60 分钟的中等到高强度身体活动可以为大多数儿童和青少年带来重要的健康效益。儿童青少年所进行的活动很少是有计划的、有组织的、以提高和维持体能为目的的，因此身体活动更适合反映儿童青少年的运动状况。累计这一概念是指将一天内分散进行的多次较短时间的身体活动（如两次 30 分钟的活动）累加，最终达到 60 分钟活动量的目标。身体活动包括在家庭、学校和社区中的玩耍、游戏、交通往来、家务劳动、娱乐等。

■ 身体活动与久坐行为的比较

身体活动（physical activity）	久坐行为（sedentary behavior）
·骨骼肌收缩产生的机体能量消耗增加的活动	·久坐或者是躺下（睡觉除外）的行为
·例如做家务、工作、运动	·例如看电视、玩手机、写作业
·具有健康促进作用	·增加肥胖、慢性疾病风险

■ 世界卫生组织（WHO）对 5~17 岁儿童身体活动的建议

Amounts of physical acivity greater than 60 minutes provide additional health benefits.	Most of the daily physical activity should be aerobic	Vigorous-intensity activities should be incorporated, including those that strengthen muscle and bone, at least 3 times per week.
·大于 60 分钟的身体活动可以提供更多的健康效益	·日常身体活动要以有氧运动为主	·每周至少应进行 3 次高强度运动

家长在指导儿童青少年合理进行身体活动时，应遵循 5 大原则：

- 动则有益原则
- FID 监控原则
- 循序渐进原则
- 超负荷原则
- 安全性原则

动则有益是指身体处于活动状态要比处于安静状态对身体更好，即使是低强度活动例如做家务，也要强于静止活动例如看电视、玩电子游戏。FID 是频率（Frequency）、强度（Intensity）和持续时间（Duration）的首字母缩写，FID 监控原则是指运动时必须科学地控制每周锻炼次数、锻炼强度以及锻炼持续的时间。WHO 对儿童、青少年身体活动的建议为每天累计进行超过 60 分钟的运动。日常运动要以健康促进活动为主，并遵循循序渐进的原则。例如快走、跳绳、舞蹈、攀爬等运动效果要强于站立或缓慢走动。科学研究表明在提高心肺功能方面，长时间中等强度运动和高强度、短时间的有氧运动效果相同，但是高强度的运动导致运动损伤的概率更大。因此推荐儿童、青少年每周身体活动以中等强度运动为主，适当进行高强度运动。循序渐进原则是指运动要以目前运动状况为基础，不能突然增加运动量，当身体机能逐渐适应了现有的运动量后，才能逐渐提高运动的频率、强度和持续时间。超负荷原则是指经过一定时间的运动锻炼后，身体素质有所提高，这时锻炼负荷就应该增加。安全原则是指在体育活动中，安全第一，始终注意保护自己，选择合适的运动装备，运动前进行热身，运动后进行放松，当运动过程中出现不舒服状况，立即停止运动。例如跑步运动，对于 10 岁从来没有参加过运动的小学生，第一周应该采取适应运动，多走动以慢慢适应跑步的节奏，第二周可以每次先从 500 米练习开始，逐步提高运动目标，从 500 米增加到 800 米、1000 米，甚至更多。在运动时也要注意运动环境的选择，尽量不在高温、高湿等极端环境中进行运动。当空气质量不佳，PM2.5 超过 150 时进行户外运动需要戴口罩，当 PM2.5 超过 250 时不进行户外运动，如果要动则在室内环境中进行。总而言之，运动对孩子身体成长的各个方面都有着重要意义,适量、正确的运动会提高孩子的身体素质,帮助孩子更好地成长。在家庭教育中,父母应当培养孩子的运动习惯,并且督促、陪伴孩子经常体育锻炼,减少久坐行为,让孩子更加健康茁壮地成长。

参考文献

1. Brian W. Timmons, Patti-Jean Naylor, Karin A. Pfeiffer. Physical activity for preschool children — how much and how? [J] Canadian Journal of Public Health Revue Canadienne De Santé Publique, 2007, 32: S122-S134.
2. Darren ER Warburton, Sarah Charlesworth, Adam Ivey, et al. A systematic review of the evidence. for Canada's Physical Activity Guidelines for Adults [J]. International Journal of Behavioral Nutrition and Physical Activity, 2010, 7:39
3. 李心天. 中国人的左右利手分布[J]. 心理学报,1983,03:268-276.
4. 孔亚楠,刘微. 3~5岁儿童左右利手分析[J]. 中国当代医药,2009,14:157.
5. 唐敏东. 准备活动中肌肉拉伸练习的效果(综述)[J]. 中国体育教练员,2005,04:48-49.
6. 张河川,"云南青少年运动与体质相关因素研究"课题组. 有氧锻炼对青少年心理健康的影响[J]. 中国学校卫生,2005,03:184-185.
7. 马嵘. 不同运动方式和情境对大学生社会性体格焦虑影响的实验研究[D]. 华东师范大学,2008.
8. 吕晓昌. 有氧锻炼负荷强度对儿童心理健康的影响[J]. 体育学刊,2003,01:43-46.
9. 王红漪. 运动与心理健康研究综述[J]. 经济研究导刊,2011,36:324-325.
10. 蔡赓,季浏,苏坚贞. 中小学生体育锻炼感觉和体育运动动机与心理健康关系的研究[J]. 心理科学,2004,04:844-84

第6章
成长的睡眠需求

睡眠也是成长的基本需求

儿童的健康生长发育有赖于脑垂体分泌生长激素,生长激素是儿童青少年生长发育的催化剂,它能够促进骨骼、肌肉的生长发育,调节机体新陈代谢。但是儿童的生长激素只有在睡眠时才分泌,清醒时几乎很少分泌。因此要使儿童健康生长,除了注意运动和营养外,更重要的就是使他们睡得好、睡得足,切实保证孩子的睡眠质量。

睡眠主要包括两种模式,浅层睡眠和深度睡眠。在浅层睡眠中,我们主要是做梦和回顾今天发生的事件,处于浅层睡眠中儿童,也更容易被唤醒。深度睡眠对睡眠质量具有决定性的影响,在深度睡眠中的儿童更难被唤醒。每天的睡眠中,我们不断地重复深度和浅层睡眠。当浅层和深度睡眠相互转化的时候,一旦儿童受到打扰,例如给幼儿盖一下毯子,就更容易吵醒他们,使他们更加难以入睡。随着年龄的增大,浅层睡眠的比例逐渐降低,深层睡眠的比例逐渐提高。研究表明,在幼儿中80%的睡眠是浅层睡眠,而成人只有20%是浅层睡眠。深度睡眠越多,睡眠质量越高,儿童和成人相比,睡眠中以浅层睡眠为主,因此需要更长的睡眠时间来保障睡眠质量。睡眠也是健康成长的基本需求之一,对于婴儿和儿童,必须保证他们每天充足的睡眠时间来满足生长的需要。

■ 睡眠包括浅层和深层两种睡眠模式

幼儿的睡眠中80%是浅层睡眠,而成人80%是深层睡眠,因此幼儿需要更多的睡眠时间来保障睡眠质量。

■ 不同年龄段的儿童需要的睡眠时间

3岁以下幼儿,其睡眠包括白天小睡和夜间睡眠,它们是相互独立,不可或缺的。不能认为它们可以相互补充,白天睡了,晚上就可以少睡,或者白天睡得太多,晚上就不容易入睡。恰恰相反,白天睡过的幼儿反而晚上更易入睡而且睡眠质量更好。婴幼儿白天睡眠时间的减少很可能影响其身心发展,特别是神经系统的发育。5岁前,每天半小时至两个小时的打盹对于儿童是有益的,父母可以根据孩子日常的精力决定白天打盹的时长。随着儿童年龄的增加,儿童的睡眠模式不断发生变化,睡眠时间在儿童期后期逐渐减少。9岁后,儿童所需要的睡眠时间随着年龄增加开始减少,每增加一岁,时间减少15分钟,所以一个14岁儿童需要的总睡眠时间为9小时左右,而16岁的青少年所需时间为8.5小时。成年后,保证每天7~7.5小时的睡眠就能满足睡眠需求。

■ 睡眠时间建议

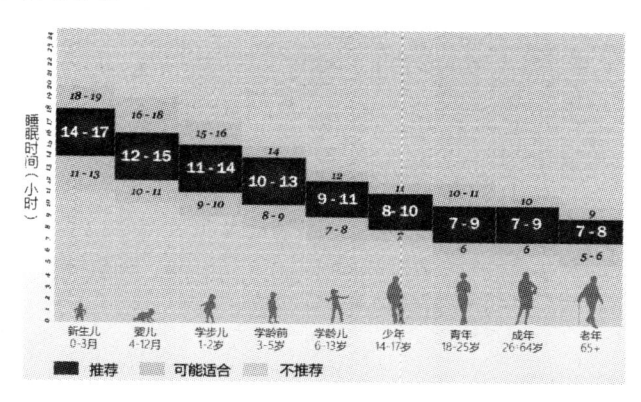

图片来源:美国国家睡眠基金会(National Sleep Foundations, https://sleepfoundation.org/)

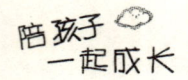

■ **不同年龄儿童青少年白天睡眠需求**

年龄	白天睡眠需求	
	时长（小时）	次数
出生~2月	7~9	3~5次
2~4月	4~5	3次
4~6月	4~5	2~3次
6~9月	3~4	2次
9~12月	2~3	2次
12~18月	2~3	1~2次
18月~2岁	2	1次
2~3岁	1~2	1次
3~5岁	0~1	1次
5~12岁	不是必须，因人而异	
12~18岁	不是必须，因人而异	

鼓励婴幼儿单独睡眠

孩子入睡是养育孩子最重要的问题之一，文化和社会环境不同，儿童入睡的方式也不尽相同。据中国疾病预防和控制中心妇幼保健中心的一项调查显示，62.48%的婴幼儿与父母同床睡眠，25.20%的婴幼儿与父母同房但不同床睡眠，12.32%的婴幼儿单独睡眠。显而易见，与孩子同床睡，需要父母付出更多的精力，对父母的睡眠质量影响更大，父母在白天更容易表现出疲惫和精力不足。

■ **中国婴幼儿睡床习惯**

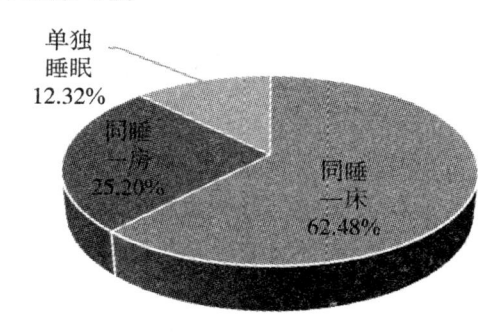

单独睡眠 12.32%
同睡一房 25.20%
同睡一床 62.48%

城市家庭中,62.48%的婴幼儿与父母同床睡眠,25.20%的婴幼儿与父母同房但不同床睡眠,12.32%的婴幼儿单独睡眠。数据来源：中国城市0~5岁儿童睡床习惯的研究,中国儿童保健杂志。

事实上,出生后的婴儿已经可以正常独立睡眠,婴幼儿更是不需要父母陪伴就能单独睡眠。如果婴幼儿和父母同床而眠,孩子半夜醒来后更容易受到父母的安抚,这样会强化儿童入睡与父母的联系,每次半夜惊醒后,也会更加期望父母的再次出现,不会自己主动入睡,必须得到父母的安抚方可。而当白天父母不能陪伴时,儿童则会更加难以入睡,导致儿童白天睡眠时间缩短。所以,父母不能让孩子对自己的安抚和怀抱产生依赖,比如当幼儿出现困意时,就应当立刻把孩子放到床上,而不是等到孩子在怀中完全入睡后才将其放到床上。也正因为中国父母习惯性地让孩子在自己的怀中入睡或者陪着、哄着孩子一起入睡,中国父母与外国父母相比,似乎在照料孩子上花的精力更多,更容易被搞得筋疲力尽。然而儿童的不同睡眠方式却带来了不一样的影响,并不仅仅只是使得父母更加辛劳。同床睡眠虽然有利于增加父母与婴幼儿之间的亲密感情,便于夜间照料,有助于防止婴幼儿受凉、感冒,但是同床睡眠的婴幼儿对父母的依赖性更强,不利于儿童独立性和自主性的培养。

另外,与婴幼儿同床睡,父母与幼儿头在同侧,但是成人肺活量更大,需要更多的氧气,会在无形中抢占了幼儿所需的氧气,不利于幼儿的呼吸。所以，父母更应该尝试让婴幼儿进行独立睡眠，有意识地培养孩子独立睡眠的习惯和能力。这样既利于孩子良好生活习惯的养成和成长，也利于提高家长的睡眠质量，保证家长白天活动所需要的精力和活力。

避免婴幼儿趴在床上睡觉

婴幼儿长期趴在床上睡觉，会增加发生婴儿猝死综合征（Sudden Infant Death Syndrome，SIDS）的风险。婴儿猝死综合征是指健康的婴儿在睡眠中突然意外死亡的情况。通常在半夜至清晨时发生，常见于秋季、冬季和早春时分。2周~1岁是婴儿猝死综合征发生的高危期。为了婴儿的身体健康着想，父母应当避免婴幼儿趴在床上睡觉，当看到孩子趴在床上时，需要及时地进行纠正，督促孩子养成良好的睡姿习惯，防止婴儿猝死综合征的发生。

儿童常见的睡眠障碍

研究表明，47%的学龄前期儿童会出现一种或多种睡眠障碍。儿童睡眠障碍通常有夜惊、梦游、噩梦、尿床、睡眠呼吸暂停等。孩子睡眠障碍的出现与遗传、睡眠环境、大脑皮层发育不成熟以及心理因素有关。其中夜惊、梦游、尿床以及噩梦是深度睡眠时经常出现的睡眠障碍，通常不需要治疗，随着孩子年龄的增大，大脑皮层抑制功能逐渐完善，症状可自行消失。但是经常性的睡眠问题可能预示着儿童存在情绪、生理或者神经方面的问题，则需要做进一步的检查。睡眠呼吸暂停则是一种病因不明的睡眠呼吸疾病，严重时会出现夜间猝死。如果孩子出现夜间经常性打鼾、白天嗜睡的情况，可能暗示有睡眠呼吸暂停的危险，父母应引起足够的重视，尽快带孩子去医院检查。此外，儿童暂时性失眠往往是由于情绪变化引起的，不必使用催眠药物治疗。总而言之，儿童出现睡眠障碍的情况比较普遍，父母需要对孩子出现的睡眠障碍进行正确的判断，通过向医生咨询来确认是否需要进行治疗，来保证孩子的睡眠安全和提高孩子的睡眠质量。

■ 儿童常见的睡眠障碍

Sleep Terrors 夜惊	・通常出现在3-13岁，男孩比女孩常见 ・从睡梦中突然惊醒，数分钟后安静入睡 ・第二天不记得发生过什么
Sleep Walking 梦游	・通常出现在4-8岁，入睡后2-3小时 ・说梦话，睡梦中突然坐起来，下床做些无目的活动 ・第二天不记得发生过什么
Nightmares 噩梦	・通常出现在4-8岁，常发生在深夜中 ・被梦中情景吓醒，尖叫或者大哭 ・第二天清醒记得噩梦经过，但是很快就会忘记
Noctural enuresis 尿床	・通常出现在3-5岁，男孩比女孩常见 ・无意识尿湿床或衣服
Sleep Apnea 睡眠呼吸暂停症	・出现在过敏、超重（肥胖）、扁桃体肿大等儿童中 ・夜间睡眠打鼾，白天嗜睡，睡眠中呼吸暂停、大汗淋淋，夜尿增多，晨起头痛

夜惊、梦游、噩梦、尿床是儿童常见的睡眠障碍，通常会随着儿童年龄的增大，自行消退。睡眠呼吸暂停则是一种严重的睡眠疾病，当孩子出现经常性打鼾、白天嗜睡的情况，应该引起家长足够的注意。

■ 减少儿童出现睡眠障碍的措施

减少孩子的压力，对孩子多鼓励、少训斥。

避免孩子过多地看电视和浏览电脑视频或玩电脑游戏，尤其需要让孩子远离一些暴力血腥的场面。

让孩子睡觉之前养成冲澡、泡脚的习惯，临睡前父母给孩子讲一会儿温馨的故事或者陪孩子听一段轻柔的音乐，帮助孩子更易入睡。

确保安全的睡眠环境，让孩子充满安全感。

确保孩子获得充足的睡眠，充分认识到睡眠的重要性。

■ 当孩子经历睡眠障碍时

当孩子出现夜惊或者梦游时，不要尝试唤醒孩子，但需要确保其所处环境是安全的。

当孩子出现夜惊时,可以尝试着打开门,或者亮着灯,照看孩子直至其入睡。

如果孩子每天总是在同一时间出现夜惊,可以尝试在其夜惊前 10~15 分钟唤醒孩子,然后在旁伴其入睡。

尝试用孩子的语言,引导孩子讲出噩梦的故事。例如,让孩子画出让其恐惧的物体,然后和孩子一起把它扔掉,借此让孩子克服恐惧,从而走出噩梦。

当孩子梦游时,挪开障碍物(桌椅、电线),在不惊醒儿童的情况下引导其回到床上。

当孩子出现尿床后,不要因此责备和惩罚他,如果儿童自己不觉得尿床是什么问题,父母也无须刻意去纠正此行为。

青少年睡眠严重不足

随着孩子的成长,到了青少年时期,需要的睡眠时间减少至 9 个小时左右,但是即使睡足 9 个小时,青少年通常还会出现白天犯困的情况。根据 WHO 一项调查,22% 的青少年会整天昏昏欲睡。造成这种现象的原因一方面是处在青春期期间,青少年正在经历脑的自然睡眠周期转换,"睡眠"激素——褪黑激素的释放有所延迟,使得青少年们往往直到晚上 11 点左右才会觉得昏昏欲睡。另一方面,现在手机、电脑、平板电脑等普及,电子设备发出的蓝光会误导人的大脑,使得褪黑激素的释放进一步受到延缓,孩子的睡意也就来得更晚。另一方面,青少年会希望自己像成年人那样可以自己安排作息时间。所以他们有限的时间需要用在做作业、和朋友玩以及上网、看电视上,不知不觉就推迟了睡眠时间。可是不管睡得多迟,学校往往在 7:30 左右上课,因此许多青少年不得不在 6 点就要起床,这就导致他们睡眠时间的缩短。因此青少年在上课时总是无精打采,昏昏欲睡。事实上,青少年需要充足的睡眠时间来保证白天学习生活,他们需要比成年人更多的睡眠时间。

■ 青少年的睡眠规律和学校课程安排存在冲突

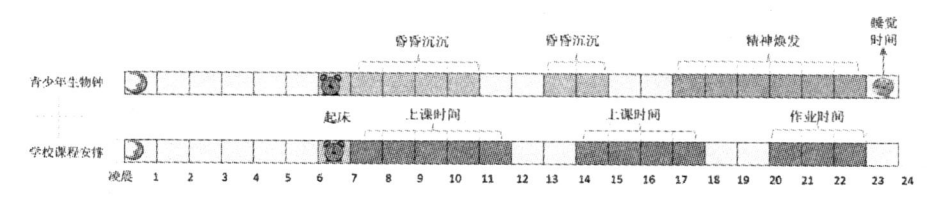

大多数青少年因为经历大脑的自然睡眠周期转换,直到晚上 11 点才产生困意,7 点后起床才能保障充足的睡眠,而学校课程时间安排往往要求青少年在 6 点就要起床,从而导致了青少年睡眠的严重不足。在上课期间昏昏沉沉,"摇摇欲睡"。

美国儿科学会的研究表明,青少年在生理上的确需要比成年人更长的睡眠时间。2014 年,该学会建议学校不要在早上 8 点半前上课,以保证青少年每日 8.5 到 9.5 小时的夜间睡眠。部分试点州的学校推迟上课时间后,学生睡眠质量以及学业表现都有显著的提高。

■ 美国儿科学会呼吁推迟学校上课时间,以保障青少年充足的睡眠

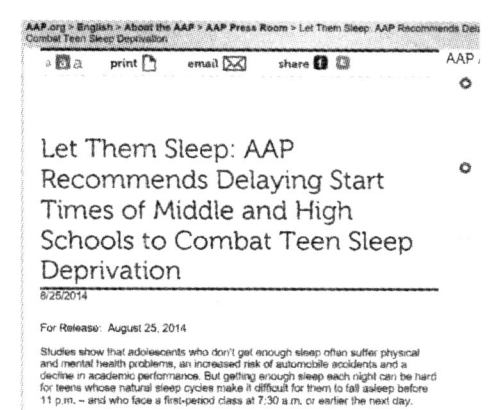

让他们睡觉吧:美国儿科学会建议推迟初高中上课时间,以应对青少年睡眠不足

因此，希望更多的父母和教育从业者可以更好地了解青春期少年的睡眠特点，重视青少年的睡眠问题，认识到充足的睡眠对于青春期少年的重要性和重要意义，让"减负"从推迟上课时间做起！

■ **提高睡眠质量的措施**

养成良好的睡眠习惯，每天准时睡觉、起床，周末和节假日少睡懒觉（避免一觉睡到中午或者下午），要认识到睡懒觉不仅不能补充睡眠的不足，而且会影响当天晚上的睡眠质量，会使自己更难入睡。

睡前不要吃高糖、高脂食物，不要喝咖啡、浓茶，可以摄入一些含钙食物，例如牛奶、酸奶等来帮助入睡；睡前两小时不要做剧烈运动，并且可以养成睡觉前洗澡泡脚的习惯，帮助舒缓情绪。

父母不要给中学生太大压力，过度的情绪起伏会引起孩子的失眠，且入睡困难；比如当孩子成绩出现起伏时，父母应当更多地给以鼓励，而非去指责"你为什么不认真学习"。

每天保持至少30分钟左右的户外体育锻炼（有氧运动），阳光可以调节褪黑激素的抑制和释放，促进新陈代谢，提高体质，从而改善睡眠状况。

在饮食上多食用富含褪黑激素的天然食物，比如燕麦、甜玉米、番茄、香蕉、核桃等，此外，海带、黄豆、南瓜、花生、坚果类食物，也有助于褪黑激素的合成，从而改善睡眠质量。

父母需要注意，褪黑激素的补充一定要在医师指导下进行，以免产生副作用抑制正常脑垂体的分泌，影响青春期发育。

当青春期少年学习时感觉大脑昏沉、精神萎靡时，父母应当督促孩子赶快睡觉，可以让其第二天或者休息一段时间后再学习，这样既可以提高孩子的学习效率，也可以保证睡眠的质量。

参考文献

1. 睡眠基金会：www.sleepfoundation.org
2. 美国儿科学会：www.aap.org
3. Jim Waterhouse, Yumi Fukuda, Takeshi Morita. Daily rhythms of the sleep-wake cycle[J]. Journal of Physiological Anthropology, 2011, 31(1):1-14.
4. Marks GA, Shaffery JP, Oksenberg A, et al. A functional role for REM sleep in brain maturation[J]. Behavioural Brain Research, 1995, 69(1-2):1-11.
5. 王惠珊,黄小娜,蒋竞雄,等. 中国城市 0~5 岁儿童睡床习惯的研究[J]. 中国儿童保健杂志,2008,04:420-422.
6. 徐峰,李经才. 褪黑素对睡眠的调节作用[J]. 国外医学：精神病学分册,1997,02:6-11.
7. Cappuccio FP, D'Elia L, Strazzullo P, et al. Sleep duration and all-cause mortality: a systematic review and meta-analysis of prospective studies[J]. Sleep, 2010, 33(5):585-92.
8. 王广海. 我国学龄前儿童睡眠问题：特点、影响因素及行为干预[D]. 华东师范大学,2015.
9. Kinney HC, Thach BT. The sudden infant death syndrome[J]. N. Engl. J. Med., 2009, 361(8):795-805.
10. 马云会,郭菲,陈祉妍. 网络与手机使用对青少年睡眠质量影响的调查分析[J]. 中华护理杂志,2014,12:1495-1499.
11. 曹玲,常丽,米杰. 北京地区 6~18 岁肥胖儿童青少年睡眠障碍相关症状调查[J]. 中国实用儿科杂志,2007,07:509-512.
12. 赵舒薇,李生慧. 青少年睡眠与学业成绩相关性的研究进展[J]. 中国儿童保健杂志,2012,09:820-821+852.

第 3 部分
激发成长的内在动力

第 7 章
童年经历塑造未来

童年是脑功能发育的关键期

对于人类来说,脑功能的发育状况决定其高级生命活动的水平,如学习能力、交际能力等,并对其一生的事业、感情、幸福发挥着决定性作用。刚出生的婴儿大脑含有百亿级别的神经细胞,然而这些神经细胞并没有发育成熟,神经细胞之间联系不紧密,因此新生婴儿只具有最简单的本能反应,而不具备高级的认知功能。例如刚出生的婴儿由于脱离了母体环境,需要主动呼吸获取氧气,吸进的第一口空气会冲到喉部,猛烈地冲击声带,从而令声带震动,发出类似哭叫的声音,这是一种生存的本能,这样的第一声啼哭说明婴儿的心肺功能正常。但随着婴儿不断地生长发育,他们的哭泣会包含越来越复杂的情感,比如他们会通过哭泣来表达伤心、愤怒、害怕等情绪,甚至还会通过假哭来获得更多的关心和照料。而这些都是建立在脑功能的发育和完善的基础之上,也就是婴儿出生后在外界的不断刺激下,神经细胞开始快速发展,孤立的神经细胞之间慢慢形成复杂神经细胞网络,从而促进脑功能的不断完善和发展。

随着个体不断成长,神经间的联系越来越复杂,脑功能也越来越完善。下图显示了新生儿、1月龄婴儿、9月龄婴儿、2岁婴幼儿和成人的神经细胞。可以看出,随着生长发育的进行,神经细胞之间的联系越来越紧密。复杂而精密的神经联系预示着我们解决问题的能力和创造力不断提高。

新生儿　1月龄　9月龄　2岁　成人

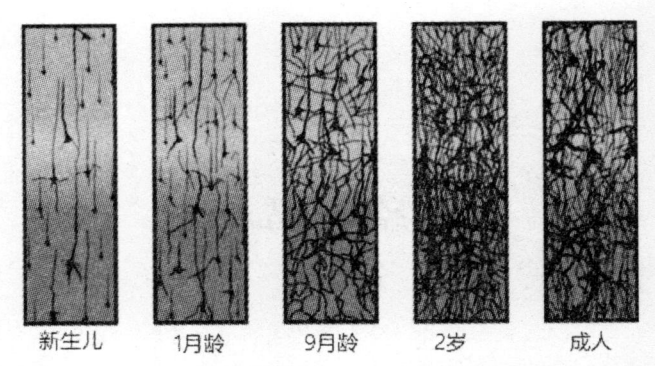

图片来源：Corel, JL. The postnatal development of the human cerebral cortex. Cambridge, MA: Harvard University Press; 1975

　　脑神经细胞之间通过突触（synapse）建立联系，突触将单个神经细胞连接形成不同的脑功能区域，进而调节和控制不同的生命活动。神经网络的复杂程度和紧密度决定了脑功能的实际水平。脑神经网络的构建主要在生命的早期完成，在生命的第一年，婴儿平均每分钟有700个神经突触建立联系，而一旦脑神经的网络建构工程完成，脑就具备了基本的认知功能，拥有了人一生智力的50%。因此3岁后儿童已经具备了文字识别、沟通交流、运动、思考等能力，只是与成人相比，他们的这些能力还不够成熟和精细。随后通过家庭、学校和社会的教育学习，儿童利用已具备的能力学习新的知识和技能，从而完善剩余的50%智力。

■ 不同的脑功能区域调节和控制不同的生命活动

　　脑神经细胞之间通过突触进行联系，形成神经网络，复杂神经网络构成大脑的不同功能区域，控制着不同的生命活动。

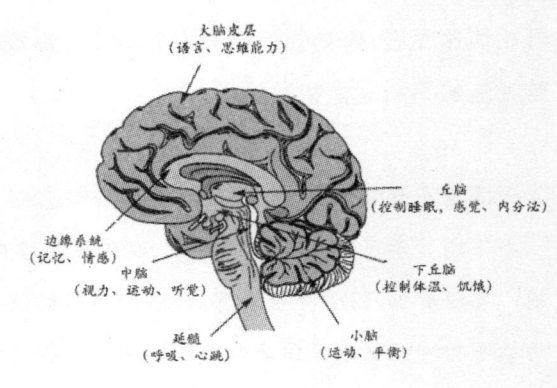

大脑皮层（语言、思维能力）
丘脑（控制睡眠、感觉、内分泌）
边缘系统（记忆、情感）
中脑（视力、运动、听觉）
下丘脑（控制体温、饥饿）
延髓（呼吸、心跳）
小脑（运动、平衡）

脑功能发育存在窗口期和敏感期

脑功能发育是一个循序渐进的过程,这个过程中存在着窗口期(windows of opportunity)和敏感期(sensitive period)。窗口期是指脑功能发育的特定时期,是进行脑神经网络构建并形成脑的基本功能的时期。在脑功能发育的窗口期,需要对大脑产生一定的刺激,从而促使脑功能的发展。如在生命的早期,婴儿会通过牙牙学语和面部表情以及手势和父母交流,父母和儿童的这种简单交流,会对儿童的大脑产生一定刺激,从而促进儿童语言、认知、情感和社交技能的发展。而如果在窗口期没有接受适宜的刺激,则会造成脑功能的失调,并且重新获得这些能力的可能性几乎为零,很可能会终生失去这种能力。脑在不同阶段的发展水平和速度也是不同的,个体会在其发展过程中的某个特定时期对某些能力或信息的接受和学习特别敏感,能够轻而易举地获得这些能力和知识的阶段就称为敏感期。敏感期则是学习某种能力的最佳时期,如果这个时期某种能力没有得到巩固和发展,以后再想获得这些能力就需要花费更多的经济和时间成本,而收效也甚微。就像成年人也可以通过努力学会外语一样,但是想要熟练掌握外语则比儿童需要花费更多的时间和精力。这是因为2~5岁是语言学习的敏感期,在这个阶段脑中和语言相关的神经细胞更容易建立大量、稳定的联系。

通俗来说,窗口期使原始的神经细胞分化形成具有某种功能神经细胞并建立初步的联系,而敏感期强化了这种神经细胞所具有的功能。窗口期和敏感期对儿童智商发展、情感控制、社交技能至关重要。其实每个人都有所谓的"绘画细胞""音乐细胞""运动细胞"等,只是在童年没有让这种能力得到培养,所以才显得某些技能匮乏。因此,父母需要注意孩子脑功能发展的窗口期和敏感期,做到在恰当时机培养孩子的某些能力。

■ **脑发育过程中不同类型能力相关的神经突触形成时间**

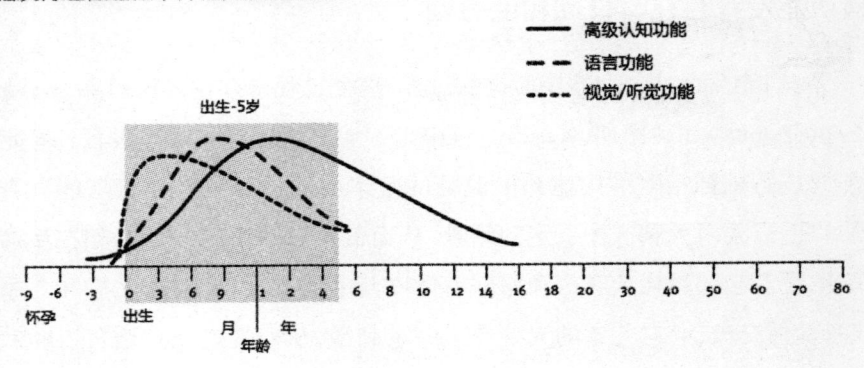

脑发育过程过程中神经突触的形成

在出生后的头3年里,是儿童认知能力、语言能力以及听觉、视觉能力的窗口期,更容易建立大量、稳定的神经突触联系。早期接触丰富的刺激和参与年龄相关的活动有助于大脑功发育。如缺乏适宜的环境影响,则可能会引起脑认知功能失调,限制智力的发展。

图片来源:Charles A. Nelson, From Neurons to Neighborhoods, 2000.

童年早期家庭教育是其终生智力发展水平的最重要影响因素

童年经历塑造未来。父母需要对孩子的童年经历和家庭教育有足够的重视,在脑发展的窗口期和敏感期给孩子创造良好的学习环境和适宜的刺激,才能促进儿童智力的发展。每个人脑发展的窗口期和敏感期是有差别的,绝大部分人的脑功能发展窗口期都集中在0~3岁,在这个阶段应抓紧建立相关功能的神经联系。3~10岁则是相关能力发展的敏感期,在这个阶段,大脑会强化在窗口期建立的神经联系。例如,语言能力发展的窗口期在0~2岁,敏感期在3~10岁,如果在2岁前,儿童几乎没有和他人进行过交流,那么就可能永远丧失语言能力,即使在2岁后重新回到正常社会环境中,语言表达和理解能力也会受到很大的限制。在窗口期经常和父母交流、听父母讲故事的儿童的词汇量是缺少这种经历的儿童的两倍,对语言的理解和掌握也更好；在敏感期生活在双语环境家庭儿童，在10岁能熟练使用两种语言，在少年期，重新学习一门新语言也更加容易。当然，错过了窗口期和敏感期并不是意味着儿童不能掌握某种能力，只是随着年龄增大，神经可塑性降低，以后若想掌握该种技能，需要更多的时间和经济成本。就像大多数的运动员在10岁前就开始参与某种运动，若在12岁后才接触某种运动，即使付出更加艰辛的努力，成为优秀运动员的可能性也非常小。

功能	窗口期	敏感期	重新获得的可能性
情感控制	0~2岁	2~5岁	可能，难度大
运动技能	0~2岁	2~10岁	随着年龄递减
语言	0~2岁	2~5岁	可能，难度大
思维能力	0~4岁	4~10岁	可能，难度大
第二语言	5~10岁		可能，难度大

■ 狼孩的故事：

1920年，在印度加尔各答东北的一个名叫米德纳波尔的小城，人们常见到有一种"神秘的生物"出没于附近森林，往往是一到晚上，就有两个用四肢走路的"像人的怪物"尾随在三只大狼后面。后来人们打死了大狼，在狼窝里终于发现这两个"怪物"，原来是两个裸体的女孩。其中大的年龄七八岁，小的约两岁。这两个小女孩被送到米德纳波尔的孤儿院去抚养，人们还给她们取了名字，大的叫卡玛拉，小的叫阿玛拉。到了第二年阿玛拉去世了，卡玛拉则存活了8年左右。在孤儿院里，七八岁的卡玛拉只懂得一般6个月婴儿所懂得的事，即使花了很大气力也不能使她很好地适应人类的生活方式。卡玛拉2年后才学会直立，6年后才艰难地学会独立行走，但快跑时还得四肢并用。直到卡玛拉去世也未能真正学会讲话，4年内只学会6个词，听懂几句简单的话，7年时才学会45个词并勉强地学几句话。卡玛拉死时在16岁左右，但是她的智力只相当于三四岁的孩子。

"狼孩"的事例说明了童年对人类身心发育的重要性。童年是孩子生理和心理都迅速发展的时期。仅就脑的重量而言，新生儿平均脑重量约390克，9个月的婴儿脑重560克，2.5岁到3岁的儿童脑重量增至900～1011克，7岁儿童约为1280克，而成年人的脑重平均约1400克。在人类社会环境下和家庭养育下，儿童的脑获得了迅速发展。正是在童年早期，儿童逐步学会了直立和说话，学会了用脑思维，为以后智力和才能的发展打下了基础。而"狼孩"由于在动物中长大，缺乏适宜的学习机会和刺激，错过了脑功能发育的机会，即便是后来重新回到人类社会中，智力水平也远远比不上同龄的正常儿童。

■ **谚语"三岁看小，七岁看老"和脑发展的窗口期和敏感期相关**

3岁看小

指在3岁时，可以通过儿童的语言能力、运动能力、思维能力和性格推测他在0~3岁所处的生活环境和家庭教育状况。0~3岁是脑功能发展的窗口期，若缺乏适宜的刺激和经历，则不利于孩子的智力发育。

7岁看老

指在7岁时，可以通过儿童语言能力、运动能力、思维能力和性格特点来预测其长大后所取得的成就。4~10岁是脑功能发育的敏感期，是知识和技能学习，动机培养，自尊形成，情感控制的最佳时期，若缺乏相应的教育和经历，成年后重新获得某种技能的难度非常大。

> 教人要从小教起。幼儿比如幼苗，培养得宜，方能发芽滋长，否则幼年受了损伤，即不夭折，也难成材。
>
> ——陶行知

儿童早期教育在于培养能力而非获得知识和技能

智力是一种潜能，不进行培养和刺激，相应的智力就得不到发展。窗口期和敏感期是儿童学习和发展相关能力的最佳时期,儿童的早期教育在出生后的第一天就可以开始,而且越早越有利于儿童的智力发展;但是儿童早期教育的目的并不是获得知识、技能,而是培养能力。例如 5 岁儿童可以熟练背诵唐诗三百首,并不表示他们具备较高的语言能力;唐诗三百首属于知识,而我们对诗词含义的理解和诗词的创造则属于语言能力。如果儿童只是简单会背诵"谁知盘中餐,粒粒既辛苦",只能说明他们掌握古诗词的知识;相反儿童能从这句诗词中学会去理解节约食物、不铺张浪费的含义,才能说明他们具备了语言能力。同理,游泳是一项技能,而对空间的感知和身体的控制则属于运动能力;学会游泳只能说明我们掌握了这项技能,并不一定说明我们具备很好的运动能力。如果我们不仅能在游泳时具备良好的身体协调和控制能力,在骑自行车、踢足球等方面也都体现出类似的能力,才说明我们具有良好的运动能力。知识和技能可以随着年龄和阅历的增加而增长,但是人的能力则随着年龄的增长而先快速增长,然后逐渐衰退。正如成年人的词汇量和对语言的理解一定是高于儿童,但是成年人学习外语的能力和儿童相比却是下降的,不如他们。

童年早期教育对儿童智力发展至关重要

Facebook 创始人扎克伯格在女儿出生后给孩子读《婴幼儿量子物理》(*Quantum Physics for Badies*)。配合通俗的读本和父母的讲解,这能够让孩子的脑接受丰富的语言刺激,有利于孩子语言能力的发展。而语言能力是思维能力和情感能力的基础。对孩子的教育从出生后第一天就可以进行，脑发育的窗口期通常只有1000天左右，一旦错过，几乎没有弥补的机会。在婴儿出生后头一年里，生活在丰富学习环境中的婴儿，超过60%在5～9年后在学校表现优异，而生活在学习环境匮乏的婴儿超过70%在学校表现不尽如人意。

部分父母和早教机构把儿童早期教育当成了提前进行的小学课程的学习。虽然知识和技能的学习是能力培养的重要途径，但是长远来看不利于儿童智力发展。5岁孩子能背诵多篇唐诗宋词，能够运算20以内的加减法，能够弹《优美的小调》钢琴曲……看似比同龄人表现优秀，实际阻碍了孩子高级记忆方式、思考能力和创造力的发展。国内外大量心理学研究表明，过早学习小学课程只是让孩子在小学低年级（三年级前）比同龄人表现更好，在长期来看不利于其学业和情商发展，会使他们丧失对新事物的学习兴趣以及增加在初高中厌学的风险。知识而非能力教育让孩子赢在了起跑线却输在了人生长跑途中。语言能力、情感控制和社会适应性是儿童早期教育的重点内容，并且能更好地预测儿童的学业成就。

儿童早期教育（早教）的原则

■ **父母参与其中，循序渐进，遵循每个阶段儿童的认知和心理社会发展特点**

人类的大脑具有无限的潜能，个人脑开发利用程度和童年早期的经验是密不可分的。儿童早期的经验对脑功能和结构的构建具有决定性的影响。童年早期主要是家庭在主导儿童的成长，因此父母奠定了儿童一生发展的基础。与西方国家相比，很多中国父母没有认识到脑发育窗口期的重要性，中国孩子在童年早期（0～3岁）属于教育的真空阶段。虽然玩和游戏是儿童的天性，但是玩什么、怎么玩对孩子的智力发展有重要的影响作用。

例如在做饭时,可以给孩子一点点多余的面团,告诉孩子可以去认真观察一下房间,把面团捏成自己喜欢的样子,给孩子看一些五谷杂粮成长日记的书籍图画,帮助他们辨别农作物、了解植物的生长。这些都比单纯地把孩子丢在电视机前更有利于他们的成长。

■ 创造一个丰富的学习环境,培养儿童的综合能力而非单一知识和技能

儿童时期是智力发展最迅速的时期。窗口期和敏感期的正确开启方式是给儿童创造丰富的学习环境(enriched learning environment)和让他们参与年龄适宜的活动(age appropriate activities),使他们的脑神经在发展过程中接受丰富的刺激,以促进脑功能的发展。心理学家和教育学进行课题研究时,在实验条件下能够将不同种的智力刻意分开,但是在现实环境中,各种智力却是同时工作、密不可分的,并且经常以难以预测的复杂方式相互影响。因此丰富的学习和刺激环境更有利于儿童智力发展。

■ 正确早教的开启方式

童年早期儿童的知识丰富程度比对具体知识的掌握程度更重要。多给孩子讲故事,了解自然百科、科学百科和社会百科的小故事,对他们进行科学启蒙,了解历史文化和社会风情;通过折纸、搭积木、玩橡皮泥,培养孩子的动手能力;让孩子认识生活中的数字、形状和色彩,对生活中的物品进行分类和排序;教会孩子遵守规矩、养成良好的生活习惯,合理表达和控制自己的情绪。以上的早教方式更有利于儿童智力发展。

第 8 章
家教适龄才能事半功倍

案例一：

阿同是一个 4 岁的男孩，一个人正在玩新买的遥控汽车。这个时候邻居家张阿姨带着 3 岁的丽丽过来玩。丽丽也想玩遥控汽车，但是阿同就是不给她玩，妹妹哇地一下哭了起来。听到哭声后，两位妈妈从厨房来到客厅，此时两个孩子正在争夺玩具。阿同妈妈训斥阿同不知道让着妹妹；丽丽妈妈告诉丽丽可以先玩其他玩具，等哥哥不玩了再去玩。当阿同妈妈把玩具把玩具从阿同手里夺过来拿给丽丽时，阿同打了丽丽一下，于是两个孩子都哭了起来……

上面的事件在生活中时常发生，为什么阿同不愿意分享玩具呢？是因为不懂事吗？其实这个问题的答案很简单，不是阿同不懂事，而是他还不具备懂事的意识。在儿童的认知发展过程中，3～5 岁儿童喜欢和朋友一起玩，但是思维以自我为中心，不会过多考虑别人的感受。他们情绪控制力较弱，当自己的玩具被拿走时，立即就会表现出委屈和伤心的情绪。但是这种不愉快的情绪很快就能平复，当把两个儿童的注意力从玩具转移走时，例如，吃东西或者去厨房玩面团等，这样两个刚刚还在打闹的小朋友很快又会重新成为好朋友。

案例二：

有两个相同的烧杯甲和乙。在儿童面前调节每个烧杯中的水高度，直至他们认为两个烧杯中的水同样多。然后当着孩子的面,把乙烧杯中的水倒入到另外一个形状不同的烧杯丁中,烧杯丁和烧杯乙相比内径更大,这样两个烧杯中的水面就不再一样高。然后再去问孩子,哪个烧杯中水多？

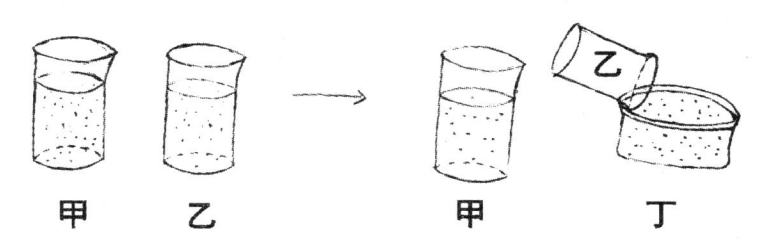

面对上面的这个问题,几乎所有儿童会回答另外一个烧杯中的水多。很多家长可能会认为是儿童没有认真思考,或者"天资愚笨"而得出这样的答案。但其实是5岁儿童的思维方式和成人是不同的,他们在考虑这个问题时关注的是液面高度这个特征,在他们看来,液面越高,象征着水越多。这个年龄段的儿童还不具备当物体的表面现象发生某种改变时,其自身的特征(体积、质量、数量)仍然保持不变的认知能力。

其实儿童青少年的认知发展需要一个过程,不同年龄段对应着不同的思维方式。因此教育方法尤其是家庭教育,需要根据孩子的不同年龄段采取不同的方法。如果不注意儿童青少年生长发育特点,只是简单地从成年人的角度去思考,不仅仅会影响儿童青少年成长,更会削弱孩子的自信,影响其智力和自尊发展,甚至会导致儿童青少年产生心理健康问题。

婴儿的成长特点及年龄适宜活动

婴儿时期是个体生命历程中最脆弱的阶段,也是各种能力发展的起始时期。婴儿在父母的照顾下了解和感知外在的世界。对父母而言,最重要的是及时满足婴儿的基本需求(饥饿、喝、安抚、睡眠等),让婴儿对外界建立起信任。如果婴儿的基本需求经常不能得到及时的满足,就不能与外界之间建立信任的关系。在照顾婴儿成长的过程中,家庭教育也随之开始,因为

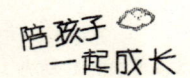

婴儿期是儿童认知、情感、运动和语言发展的窗口期。婴儿主要是通过感知运动的方式进行学习，并且婴儿的身体变化发展非常快，可能前一天还不能做的事情，后一天就可以完成了，对于他们来说，每天都在成长和进步。因此父母和其他照护人需要为婴儿成长创造一个丰富的感官刺激环境，来确保婴儿健康的成长。

	0~1岁婴儿的成长特点
行为	√ 使用哭表达自己的需求 √ 有分离焦虑，当照护人离开时，情绪焦虑 √ 4~5个月婴儿尝试抓物体或者活动自己的手脚 √ 4~6个月喜欢把东西放到嘴里 √ 6个月后能够依靠自己坐立 √ 7~12个月探索声音和寻找隐藏的物体 √ 12个月大时能够根据父母指示向某个观察特定的方向
思维	√ 集中注意力时间逐渐增加，对熟悉的人和物保持注意力时间更长 √ 认为看不到的物体就不存在 √ 记忆力随着年龄增大而增强，记住熟悉的环境和照护人
情感	√ 6周的时候会微笑 √ 能够识别照护人的面部表情、高兴或者伤心 √ 偏好熟悉的环境和熟悉的照护人 √ 6个月后具备愤怒、伤心、沮丧等情绪
语言	√ 3~4个月婴儿发出嗯嗯哼哼的声音， √ 4~6个月时模仿听到的声音 √ 对自己的名字有反应 √ 12个月大时可以说出"妈妈""爸爸"简单词语等

婴儿的家庭教育原则

及时满足的基本需求，让婴儿建立对外界的信任

鼓励婴儿多爬、多动,以促进感官系统发育和身体成长

培养良好的睡眠和饮食习惯,以促进其情绪控制和情商发展

创造丰富的语言环境,以促进其语言能力发展

0～1岁婴儿年龄相关适宜活动参考

每天进行2～3次"肚皮时间(tummy time)",把婴儿翻过来,肚皮朝下,鼓励婴儿抬起头或者爬向他感兴趣的玩具。

带婴儿去不同的场所,感受不同的环境,例如公园、体育场、商场等。

在婴儿玩耍时,尽量陪伴,使用语言、表情等进行鼓励。

离开婴儿时,留下一个熟悉的东西,以减弱其分离焦虑。

经常和婴儿通过讲话交流,出生后每天都给婴儿读书、讲故事,让婴儿观看图画,选择有规律,简单图形,颜色鲜艳的书籍

提供婴儿抓、握的玩具,促进婴儿的运动能力和力量的发展,不断更换婴儿的玩具

不断挑战婴儿的能力,例如把玩具放得远一些,把玩具简单藏一下,让其寻找等

养成固定的饮食和睡眠习惯,例如睡前讲一段故事或听会儿音乐

与婴儿同房不同床,鼓励婴儿独立睡眠

人的教育在他出生的时候就开始了,在他不会说话和听别人说话以前,他已经就受到教育了。

——卢梭

幼儿的成长特点及年龄适宜活动

1～2岁幼儿会经历人生多次重大变化,如断奶、学会走路、自己独立睡眠等等。更重要的是幼儿可以通过语言和父母沟通,父母也能够更加准确地了解幼儿的需要。这个阶段也是幼儿从家庭环境走向社会的起始阶段,

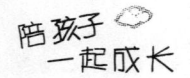

幼儿会逐渐地探索自主性,但认知往往是以自我为中心。例如幼儿喜欢和其他小朋友一起玩耍,但是他们并不是因为在一起玩耍而感到快乐,而是因为在这样的过程中自己可以更加获得游戏的乐趣,在玩的过程中也会更加注重自己的感受,分享对于他们来说几乎是不存在的概念。同时,这个阶段幼儿的行为会受到父母的影响,比如语言约束,此时幼儿的语言发展还不足以表达完整的句子,不能理解很多约束规范的含义,语言约束似乎对儿童起不到太大的作用。告诉孩子守规矩、听话,往往起不到太大的作用,1~2岁的幼儿主要是通过观察他人的行为然后进行模仿,因此父母的行为对幼儿的影响更为深远。此外幼儿的情绪不稳定,容易受到周围情绪的影响,要求父母学会控制自己的不良情绪。在这个阶段,父母身教比言传更为重要,父母的角色就是不断地引导他们去学会理解他人。

	1~2岁幼儿的成长特点
行为	√ 开始自我控制的迹象,例如响应父母的呼喊,从玩得开心的事情中停下来 √ 模仿大人的行为 √ 能够服从简单的指令 √ 可以把自己的想法实施例如搭积木
思维	√ 能够区别自己和他人,但是以自我为中心 √ 集中注意力时间超过5分钟 √ 根据物体的特性如大小、多少进行分类
情感	√ 使用语言和手势表达自己的情绪 √ 具备更复杂的情绪(例如害羞、愧疚、尴尬、骄傲等) √ 具备了同理心,对别人的情绪做出反应,例如当照护人不开心时,也表现出不开心或者尝试安慰照护人 √ 情绪不稳定,易受到周围情绪的影响
语言	√ 使用2~3个词组成的短语 √ 词汇量持续增多以名词和动词为主

幼儿家庭教育原则

以身作则,创建积极健康的成长环境,例如不当着孩子面争吵、抽烟、酗酒等

鼓励幼儿多走,多动手,以促进孩子感官系统发育和身体成长

培养良好的睡眠和饮食习惯,以促进其养成健康的生活方式

创造丰富的语言环境,以促进其语言能力发展

1~2岁幼儿的年龄相关适宜活动

在和小伙伴玩的时候,提供多个玩具、食物鼓励但不强迫幼儿进行分享

鼓励孩子模仿动物的声音,帮助辨识和模仿生活中的各种声音

鼓励孩子多在户外运动,如跑、跳等

引导孩子辨认物体的大小、颜色,和对多物品进行分类

鼓励孩子听从一些简单的指令,例如"木头人"游戏或者让其跟着音乐简单跳动等

当孩子产生愤怒或其他负面情绪时,告诉他到自己房间静一静,等感觉自己的情绪稳定下来,再自己走出房间

鼓励孩子独立使用汤匙吃饭

提供图画书,帮助辨识生活中常见的物体,如各种动物、水果等

让孩子玩拼图的游戏

和孩子一起做折叠纸的游戏

每天给孩子看图画书,讲故事,鼓励孩子"看图说话"

鼓励孩子搭建积木

教孩子唱一些简单的儿歌如"数小鸭"等

家庭的智力气氛对于儿童的发展具有重大的意义。儿童的一般发展、记忆,在很大程度上取决于:家庭的智力兴趣如何,成年人读些什么,想些什么,以及他们给儿童的思想留下了哪些影响。

——苏霍姆林斯基

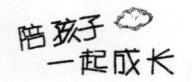

2~3岁学步儿童的成长特点和年龄适宜活动

2~3岁则是一个"淘气的两岁阶段"。此时的儿童因为运动能力和语言能力的发展,开始逐渐行使自己的自主性。这个阶段的他们仿佛对外界的所有事情都感兴趣,情绪经常处于激动的状态。并且想象力丰富,喜欢动手,迫切想知道这个世界是如何运转的,会不停地询问为什么。然而由于肌肉的力量有限,手指的精细操作能力不足,他们经常弄得自己脏兮兮和乱糟糟的。在这个阶段父母需要容忍孩子的淘气,认识到这是孩子的天性,耐心地解释儿童的疑问,引导其求知欲和语言能力的发展。

2~3岁儿童的成长特点	
行为	√ 积极探索周围的世界,对陌生事物好奇 √ 肌肉和手指的灵活性和力量不足,往往弄得脏兮兮、乱糟糟 √ 喜欢到处追问"为什么" √ 不断以试错和重复的方式来解决问题 √ 喜欢画画并将自己的画作命名 √ 工具性攻击,以抢夺玩具为目标,不是故意伤害和欺压其他儿童
思维	√ 能够数数,但仍不能把数字和物体一一对应 √ 3岁时集中注意力在10分钟左右 √ 思维能力强,喜欢弄明白事物的因果关系 √ 认为所有的物体都具有生命
情感	√ 情绪的冲动,常常处于激动亢奋的情绪状态
语言	√ 词汇量增加到1500个左右,常出现词汇错误 √ 能够很好地理解别人的话的意思 √ 能够进行对话交流,使用语言抵制父母管束

学步儿童家庭教育原则

引导充足的身体活动

鼓励多动脑、动手

创造丰富的语言环境

给予孩子适当的自由,探索自主性

学步童年龄相关适宜活动

告诉孩子生活中常见事物之间的关系,例如盐和辣椒,米饭和面条

告诉孩子事物的工作原理,例如汽车为什么会跑等问题

鼓励他们给事物命名

在他们说话时,注意对句子进行扩展,借以增加孩子的词汇量

避免告诉他们具体画些什么,让其自由发挥

增加孩子户外运动的机会,鼓励他们奔跑、跳跃等

鼓励孩子听从一些简单的指令,例如"木头人"的游戏或者跟着简单音乐跳动等

多让孩子模仿你的动作,然后互换角色

鼓励孩子多看图画书,并多让其自己说出书中的故事

限制1~3岁儿童电视时间

NO screen time under age 3!

三岁前禁止看电视!

3岁之前通过运动感知学习和探索周围的世界,逐渐适应社会的阶段。需要花费更多的时间用在爬、走、说、交流等方面。太多的电视、电脑时间不利于其认知、社交能力的发展。美国儿科学会建议3岁以下儿童避免屏幕时间(电视、电脑、手机)。3岁以上儿童看电视需要父母的监管和约束,不能任由儿童随意看电视。

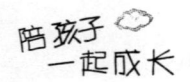

> 假若孩子在实际生活中确认，他的任性要求都能满足，他的不听话并未招致任何不愉快的后果，那么就渐渐习惯于顽皮、任性、捣乱、不听话，之后就慢慢认为这是理所当然的。
>
> ——苏霍姆林斯基

3～6岁学龄前儿童的成长特点和年龄适宜活动

3～6岁的儿童达到想象力最丰富的阶段。此时的他们会经常想象虚拟的人或者情景，并游戏其中。例如想象自己是超人，在天空中飞来飞去，同伴则是坏人，然后一起追逐打闹，并把手中的棍子当成武器。正是通过这种假象游戏，儿童学会应对不良的情绪、理解他人的观点、构建对外部世界的印象。这样的游戏也会使孩子更加具有活力，开始喜爱和同伴一起玩，喜欢追逐打闹。此外，儿童的思维和记忆能力在这一阶段也会得到发展，会喜欢探索玩具的不同玩法，期望通过自己的努力获得大人的认可，但若没有不断地强调和提醒，很容易忘记规则和约束。并且难以对现实和幻想进行区分，有时可能意识不到危险的存在而尝试了危险行为，例如在马路、河边玩等。总而言之，在这个阶段的早期教育父母需要利用儿童的主动性和好奇心理，引导其创造力和想象力的发展，同时也要教会孩子遵守规矩，学会控制自己的行为和情绪。

3～6岁幼儿的成长特点	
行为	√ 行为性别差异更加明显 √ 通过自言自语的方式指导自己的行为 √ 对任务保持兴趣，为了解决问题而努力 √ 期望获得父母或他人的认可 √ 身体攻击，欺压别的儿童而非微量抢夺玩具 √ 尝试去违反规则

续表

思维	√ 集中注意力15分钟左右,能够关注他们感兴趣的事物而不被其他信息干扰 √ 能解释自己解决问题的方式 √ 建立了数学的概念,进行简单的运算 √ 想象力丰富,假想出伙伴或者游戏角色并参与其中 √ 不能同时理解物体的多个性质,只能看到问题的表象。例如会认为矮杯子的水少于高杯子里的水,不能理解矮杯子更宽,而高杯子更窄,所以水是一样多的道理 √ 通过重复和外部辅助的方式进行记忆,例如多写、多读
情感	√ 能够感受其他人的感情,想出一些帮助别人的方法 √ 服从权威单一绝对的是非观 √ 更好地控制自己的情绪
语言	√ 词汇量达到了2000左右 √ 在成人的帮助下,使用语言来表达情感、协商和解决争端 √ 具备了读写的能力

3~6岁儿童的家庭教育原则

给予充足的游戏时间。

构建正向、积极的家庭环境。

学习必要的约束和规范。

创造丰富的语言环境。

扫一扫,了解更多:
适合儿童阅读的书籍

3~6岁幼儿的成长年龄适宜活动

充分利用儿童的好奇心,鼓励他们参与角色扮演游戏例如孙悟空、超人、蜘蛛侠等

尝试让他们自己穿衣和系鞋带等

学习他们一些基本的生活技能,例如剥鸡蛋、去果皮等

经常告诉他们想象中的危险和现实中的危险,让其学会区分二者之间的区别

引导他们尊重理解别人,学会和别人友好相处,例如玩朋友的玩具要先征得同意

鼓励他们按照自己的想法画画和做手工,例如捏橡皮泥、拼图、积木等

鼓励他们多看故事书和讲故事

认识和使用一些简单的音乐器材

鼓励他们观察生活,例如找出家里的三角形或者圆形的图案

鼓励孩子数数和把物体进行分类和排序

制定一些生活中必须遵守的行为规范,例如睡觉时间,零食种类和每周可食的次数等

> 游戏是儿童认识世界的途径,他们生活在这个世界里,并负有改造它的使命。
> ——高尔基

儿童、青少年的成长特点及适宜活动

6~12岁则是儿童认知、情商、语言等发展的敏感期。幼儿期发展的能力形成的大量神经联系,在学龄期得到强化。这个阶段是孩子掌握语言规则,理解词汇以及综合语言的关键期,是创造力和抽象思维能力发展的关键期,也是孩子情商发展的关键期。此时的儿童自我控制能力弱,不能长时间

专注于做一件事,经常会心不在焉或者做小动作;意志比较薄弱,自尊心强,往往稍微批评一下就会觉得委屈,情绪反应特别强烈;并且容易受到环境的影响,缺乏学习的主动性和积极性。这个阶段的家庭教育往往也更关注学业成绩而忽视了性格、习惯等方面。在家庭教育中需要引导孩子自尊的健康发展,引导孩子树立正确的价值观;注重孩子努力的过程而非最终的结果,培养孩子的内在动机和成就感。

	6~12岁幼儿的成长特点
行为	√ 对异性的好感在这个阶段出现 √ 校园暴力开始出现 √ 开始学会撒谎
思维	√ 12岁集中注意力的时间30分钟,能够关注需要的信息而不受到无关信息干扰 √ 具备空间、方向的认知 √ 掌握更加高级的记忆方式,通过理解去记忆学过和发生的事情 √ 能够更好 理解逻辑关系和数量关系
情感	√ 开始放弃、单一绝对的是非观,考虑公平因素,形成更加复杂道德观 √ 对情感的控制能力更强,出现伪装的情绪,例如假装高兴、伤心 √ 自尊受到成人的影响较大,通过观察别人的行为约束自己的行为
语言	√ 开始理解词语的表面意思和实际含义 √ 能够在谈话中占据主动,改变谈话的主题

6~12岁儿童家庭教育的原则

鼓励和引导每天不少于1小时的身体活动

培养兴趣爱好

创造丰富的语言环境

引导建立正确的价值观和道德观

> 所有智力方面的工作都有依赖于兴趣。
>
> ——皮亚杰

经过青春期发育，青少年的外貌和智力会发生巨大的变化，思维能力也会有极大的提高。儿童思维方式简单，往往易于接受世界的面貌，并听从权威人士（父母、老师、媒体等）的指导，而青少年具备了假设检验思维能力。假设检验思维是理性、系统且抽象的，青少年可以进行抽象推理和复杂的道德判断，他们开始怀疑一切是否合理正确。例如青少年怀疑父母限制自己自由的合理性，并会找到很多的道理推翻其合理性并坚持认为自己的观点是正确的，而父母的观点是落后的。在这个时候，父母往往站在成人的角度考虑问题而忽略了青少年虽然身体长大但是心智不成熟的状况，这也就是代沟产生的原因。实际上，当青少年在现实世界中感受到的逻辑和自己的认知不一致越多，他们就变得越迷茫，越容易受挫，更容易表露出叛逆，或者封闭自己，会变得内向甚至感到孤独。因此，在青少年的家庭教育实践中，父母对青少年更多的应该是进行倾听和指导而非对其行为进行评价或批判！

■ **青少年思维不成熟的表现：**

理想主义和批判性	爱争论	优柔寡断
• 对世界的认知和自己的能力充满理想主义，当感受到理想与现实的不同，对父母、他人观点、社会热点进行批判	• 对抽象思维能力使用不熟练，总是不放过任何实验和展示自己推理能力的机会	• 思维活跃，头脑里会产生很多选择，但是不知道如何选择。有时会对先写数学还是英语都茫然
言行不一	自我中心	个人神话
• 道德认知和自己的行为不一致。知道抄作业不对，有时还是抄作业	• 假想其他人都在关注自己，认为自己是焦点	• 自己是独特的，自己和别人不同，不会犯下他人会犯的错误或者问题。个人神话使得青少年有尝试危险行为的冲动

青少年智力相比童年有了极大的进步,但是思维能力仍不够成熟。他们对世界的认知充满理想主义和批判性,喜爱争论,做事情优柔寡断,很多时候表现得言行不一,并以自我为中心,假设自己是独特的。在进行家庭教育的时候父母应该尊重青少年的态度,给予他们更多的尊重和自由,对青少年进行教育的时候更多应该只是倾听和指导,减少对其行为的批判。例如当青少年尝试新发型的时候,其实他们内心是矛盾而又尴尬的,担心自己是变得更好看还是成为大家眼中的异类。如果父母只是简单地对青少年的发型进行否定,而不给予其他指导,只会让他们感觉到不被尊重和认可。增强叛逆心理和对父母的抵触。

12~18岁青少年的成长特点	
行为	√ 爱争论,尤其是和父母,通过罗列事实和逻辑推理找到很多借口和理由 √ 更易参与危险行为如烟酒、暴力,网络成瘾等 √ 融入同龄人的圈子,渴望获得大家的认可 √ 思想、行为受同伴的影响大 √ 部分青少年出现叛逆
思维	√ 观点和想法充满理想主义和批判性 √ 能够通过提出假设,然后逐一验证的方式进行推理,具备科学家的思维方式 √ 优柔寡断,头脑中会产生许多想法,但是缺乏高效的方式做出选择
情感	√ 自尊和情绪不稳定,经常波动 √ 逐渐形成自己的道德观念
语言	√ 谈话技巧增强

12~18 岁青少年家庭教育的原则

创造能够展示青少年独特技能和能力的机会。

帮助制定个人目标并逐渐取得进步。

鼓励参与社会活动,增强现实问题的解决能力。

你要教你的孩子走路,但是,应由孩子自己去学走路。

——爱默生

第3部分
激发成长的内在动力

第9章
内在动机是成长的驱动力

动机影响人们的选择

问题1
现有2个容积分别为500毫升和600毫升的水壶。

如何只用这2个水壶从池塘里取得300毫升的水?

问题2

图中共有多少个三角形?

问题3
焦点在 y 轴上且渐近线方程为 $y = \pm 2x$ 的是（　　）

(A) $x^2 - \dfrac{y^2}{4} = 1$　(B) $\dfrac{x^2}{4} - y^2 = 1$

(C) $\dfrac{y^2}{4} - x^2 = 1$　(D) $y^2 - \dfrac{x^2}{4} = 1$

哪个双曲线符合题意?

（1）第一眼看过去,三个问题中任选一个,您会优先选择哪个呢?

（2）任选一个,如果答错,需要接受跑5公里的惩罚,您会选择哪个?

（3）答对一题,奖励一个100元红包,您会尝试回答几道题目?

对于上述三个问题您是如何选择的呢?人类的大脑是避免进行思考的,因为思考是一种缓慢而又耗费精力的事情。除非有一种内在或者外在的压力存在,否则人类都会避免进行深度思考,这种"无形的压力"就是动机。动机包括内在动机和外在动机。外在动机是指物质奖励、表扬、奖金、荣誉、惩罚、责骂等;内在动机是指自身的内驱力,如好奇、兴趣、自信、自我价值感等。对于儿童来说,如果没有任何内在和外在的压力,他们就只会凭借自己的喜好行事,成长的过程中缺乏目标和约束。对儿童青少年的教育就是激发其内在动机的过程,让儿童发挥自身的主观能动性积极主动成长。

有一位教授退休后回归故里。每天傍晚,总有一群孩子就围绕着老人家门前追逐打闹。老人家难以忍受。有一天在小孩子进行打闹玩耍时,老人家把孩子召集到一起,对他们说:"孩子们在这里辛苦地玩耍,让我冷清的家变得热闹起来,并让我感到年轻了许多,你们这种行为应该受到奖励。"然后给孩子们1美元,希望他们带来更多的热闹和欢笑。第二天,孩子们早早地就来到教授门口,玩得更加疯野。老人家再次走出来,给孩子1美元。第三天,孩子们玩得更加起劲儿,但是只得到50美分,孩子们有点不高兴,但还是接受。第四天,孩子们就不如昨天积极,安静了许多,教授只给了孩子10美分。这个时候孩子就生气了,并叫喊着,他们跑那么远来到教授门前玩耍,只得到10美分,以后再也不到教授家门口了,让教授门口一直冷清下去。

在这个故事里,教授首先通过物质奖励(1美元)强化儿童的行为,激发儿童的行为(玩闹)动机,把这种外在动机转化成内在的动机,让孩子感到自己的行为是在助人为乐。当撤去外在奖励后,儿童就会觉得自己的"助人为乐"行为没有得到足够的尊重,因此就不在教授门口玩耍了。由此可见,内在动机对个人的行为有着深刻的影响。

内在动机是成长的驱动力

内在和外在的动机都能促使人们参与或者逃避某项事情。但是产生作用的心理机制却完全不同。例如家长要孩子完成家庭作业,可以告诉孩子不认真写作业就不准看电视或作业认真完成后可以自由支配自己的时间,都能促使孩子完成作业,但两种方式的长远效果是不同的。如果通过惩罚的方式来敦促孩子认真写作业,那么孩子就会把写作业和逃避惩罚联系起来,写作业的行为只是为了逃避惩罚,一旦惩罚措施不存在了,孩子便不再去写作业。相反,告诉孩子认真写作业可以获得更多自由支配的时间,那么他们更愿意主动完成作业,因为越快越认真地完成作业,越能获得更多的自由时间。内在动机是儿童青少年情商培养与发展的基础,当他们内在动机水平较高时,就会主动地学习和解决任务,即使遇到困难和挫折,也会保持积极的心态。内在动机越强,越能积极进行智力活动,取得成功的可能性也越大。对儿童青少年而言,学习的内在动机越强,学业成就越高。因此家庭教育实践中,应该善于激发子女的内在动机,让孩子积极主动地参与到成长过程中,通过减少父母的权威或物质奖励的方式促使他们按照父母的意愿成长。

笔者进行了一份调查,询问小学生为什么要写作业,得到的答案千姿百态:

为了消灭外星人;

为了认识很多字;

为了将来有饭吃;

因为老师布置了作业,不写会挨骂;

为了中国的未来;

为了考大学,为了成为一名科学家;

为了能够读故事书;

因为小孩子都要写作业;

写完作业就可以看电视;

为了保卫钓鱼岛;

……

更多的答案则是不知道为什么要写作业。

父母站在成人的角度去思考便会觉得孩子不写作业是学习不主动、不认真,做事情缺乏毅力,态度不端正等,但其实质则是孩子内在动机的缺乏。对于孩子来说,实现自我价值、理解父母艰辛,报答社会等并不是其行为的直接动机,尽管他们经常听到这些说法。儿童成长的内在动力来自于那些使自己舒适、愉悦、快乐的经历,如果某种行为不能使自己获得快乐,他们就避免主动参与,除非设置一些惩罚措施。惩罚则是外在动机,逃避惩罚就成了孩子写作业的主要目的。如果孩子不能把认真写作业内化成一种良好的习惯或者在写作业的时候不能获得快乐和满足,那么他们就避免完成作业,因为完成作业需要思考,而思考是一件极其耗费精力的事情。了解不同年龄段儿童青少年内在动机的特点,才能更好地对他们进行内在动机培养。

儿童的内在动机来自于赞美与认同,兴趣与好奇

在 2 岁前,儿童的动机主要是尝试掌握和理解自己所处的环境,并不在意别人对他们成功的注意或赞赏,失败了也不会产生困扰,只是转移目标,尝试支配其他玩具。2 岁之后,幼儿开始预期他人对自己表现的评价,成功时,他们会寻求别人的赞赏,失败时,知道可能会受到批评,因而会参照父母对自己行为的反应约束自己的行为。如果父母鼓励孩子自己吃饭,并对孩子自主吃饭进行指导和鼓舞,孩子就会更加主动地尝试自己吃饭而不是依靠父母喂饭。大约在 3 岁的时候,儿童的动机开始出现转折,从生理需求变成积极探索,能够对自己的行为进行评价。儿童的行为受到好奇心驱使,当他们对某件事情感兴趣并得到满足后,会对这件事情表现出极大的兴趣,更有意愿参与其中。儿童几乎认定他们能完成所有的任务,并乐意尝试他们不能从事的活动,哪怕屡屡失败,他们也不会对自己进行否定,而是不断尝试完成更多的任务。

■ 儿童的动机发展

0-2岁	· 动机主要是尝试掌握和理解自己所处的环境 · 不在意别人对他们成功的注意或赞赏,失败了也不会产生困扰,只是转移目标,尝试支配其他玩具
2-3岁	· 动机来自于父母的赞赏和鼓励 · 幼儿开始预期他人对自己表现的评价,成功时,他们会寻求别人的赞赏,失败时知道可能会受到批评。
3-8岁	· 动机来自于兴趣和好奇心,对自己的表现有了评价标准 · 几乎认定自己能完成所有的任务,哪怕屡屡失败,动机感也最强

青少年的内在动机源自自我和社会认同

随着儿童的成长,父母、教师对儿童的要求逐渐发生了变化,到了8岁左右,越来越强调能力而非努力的过程,家庭中父母开始对儿童给予更多诸如"七点前把作业写完,我待会检查""你都10岁了,应该知道主动写作业了,还要我天天说"的命令;学校里老师对学生的作业完成程度进行评分,对儿童的评价更多体现在学习成绩上。所有的这些变化,再加上此时的儿童也学会通过社会比较来评估自己的行为,于是儿童开始把努力和能力区分开来,对自己的成败进行归因。归因是指个体对自己或他人的行为的原因加以解释和推测的过程。在青少年时期和成人初期,个体常将成败归因为4种:个人能力、努力程度、环境条件和运气。个人能力和努力属于青少年内在动机范畴,而环境条件和运气属于外在动机。例如对成绩不理想进行解释时,如果青少年把成绩不理想归因为自身能力不足,则会对以后的成功不抱多大希望(强烈的消极期望),如果归因为努力程度不够,则受到鼓舞后可能会通过努力学习来克服;归因为环境条件不利如试卷太难,老师教得不好等,则会埋怨客观环境,忽视自身原因;归因为运气差,也会导致忽略自身原因。从能力和努力方面的内部归因更能让儿童青少年重视自己的成绩。在对青少年的教育实践中,应该增强青少年的自我认同感,让他们对自己充满自信,引导青少年从努力程度方面进行归因,不断通过努力取得预期的成果。

■ 青少年对学习成绩的解释

个人能力和努力程度是内在因素,环境和运气是外在因素。如果青少年在数学考试中得到80分,归因为能力不足,则丧失努力的动力;归因为努力程度不够、环境(考卷太难)、运气不佳则会继续努力获得更优异成绩。如果青少年在数学考试中得到130分,归因为数理思维强，则在以后的学习中充满信心；归因为最近一段时间努力学习，则会保持积极的学习热情，归因为环境（老师教得好）则会上课主动听课学习。

错误归因导致习得性无助

当父母对儿童青少年的期望过高，设置的任务过于艰难时，他们很少能够获得成功的喜悦；或者在面对失败时，经常得不到帮助，对失败感到无能为力，也会变得沮丧和不思进取。因而他们不再努力，并把这种挫败归因为自己能力不足和环境条件不公，而非努力程度不够，慢慢地就习惯这种无助感并变得无所谓，这种心理状态就是习得性无助（Learned helplessness）。习得性无助是指通过学习形成的一种对现实的无望和无可奈何的行为、心理状态。一旦陷入习得性无助的心理状态中，就会放弃继续尝试的勇气和信心，消极地面对生活情况。习得性无助学生内在动机低，他们往往对自己产生过多的否定，不能给自己确立恰当的目标，学习时漫不经心，对失败的恐惧远远大于成功的希望，因而也不再认为自己能够成功。这种不良的归因风格一旦形成，就很难再改变，并会对他们的终生成就造成巨大的影响。

■ 青少年的动机发展

8-10岁
- 动机受到社会环境影响
- 把努力和能力区分开来，并开始对自己的成败进行归因

青少年
- 动机受到自我价值感的影响
- 青少年和成人初期个体可能将成败归因为4种原因：能力、努力、任务难度、运气。

利于内在动机培养的家庭教育方式

自然赋予所有儿童一种本性——好奇，他们天性喜欢对感兴趣的事情进行探索，渴望好奇心得到满足，在这个过程中他们的智力和社会适应性不断发展进步。然而个体与生俱来的兴趣毕竟有限，大部分态度、价值观和行为都是后天培养获得，这是一种内化的过程。就像前文中教授的做法一样，把儿童的嬉闹行为内化成助人为乐的意识，利用外部刺激（报酬）给予强化，而后逐渐培养他们对嬉闹行为的控制力，最终通过内部力量操纵行为，使孩子主动离开教授家嬉闹。绝大多数儿童入学时是积极向上和充满热情的，他们对新奇事物充满兴趣，对一切活动都愿意去尝试。只是有些儿童发现自己总不能顺利完成学习任务，常常受到他人的批评和嘲笑，逐渐产生了焦虑情绪，对于探求新事物和参加活动慢慢产生了恐惧心理。在经历了一系列失败后，他们开始相信自身缺少取得成功的能力，不愿意为完成任务而付出认真的努力，于是"自尊"的内在需求就迫使他们或者封闭自己、在内心中建立只有自己的世界，或者通过其他形式的方式例如上课捣乱、追求物质来获得他人的更多关注。

扫一扫，了解更多：
如何培养自信心和创造力

1. 适当放手增强孩子自主感

过度管教、过度溺爱的教育方式也不利于内在动机的培养。内在动机需要儿童主动参与，过度管教和溺爱会限制儿童主动性发展。因而培养内在动机，需要尊重孩子的心理，让孩子处于主动的位置，有可以选择的权利。往往很多时候不是孩子缺乏主动，而是父母没有给他们施展主动性的机会，孩子要么被过于悉心照顾，要么被动接受父母的安排。父母应当是孩子的导师而不是孩子的保姆和管理者，多给孩子一些自主感，并非对他们放任不管，而是在可能的情况下，让孩子做自己喜欢的事情，有可以选择的权利；给予孩子挑战的机会,让孩子体验收获努力后成功的快感。这样他们才能主动的成长。

增强孩子自主感的方式

■ 同一个要求,使用积极正向的语言

> "现在不好好努力,以后找不到优秀的对象。"　×
> "现在认真读书,以后就可以让喜欢的人过上幸福生活。"　√

■ 减少命令,鼓励自主,让孩子积极参与

> "如果这次月考不能考进前20名,以后周末别想出去玩了!"　×
> 让孩子制订学习计划并给予奖励。　√

2. 对孩子的期望合理,及时提供指导和帮助

培养内在动机,需要对孩子的期望合理,理解孩子的能力不足,原谅孩子不能达到自己的期望并及时提供帮助和指导。望子成龙是每个家长的夙愿,以他人的标准要求自己家的孩子,不利于孩子内在动机的发展。每个孩子的智力状况和性格特点各有不同,对孩子的期望和要求也要符合实际。孩子的兴趣不在于此,却逼迫孩子恶补这方面的技能会造成孩子厌学、逃避和消极抵抗。网络中曾报道某家长为培养孩子的毅力,冬天只给孩子穿单衣,给孩子设置不合理的任务,结果更多只能事与愿违。孩子的成长必然会经历一系列的坎坷,家长要鼓励孩子在设定目标上取得的进步,让孩子获得前进的内在动力;在他们失败时切勿一味责怪抱怨,让孩子出现习得性无助感。相反,当孩子遇到困难时,家长要及时给予帮助和指导,让孩子明白风雨坎坷是成长的必然经历,但家庭父母是孩子永远的港湾。

给孩子提供帮助和指导的方式

■ 鼓励要有实际内容,避免笼统性的赞美

> "做得不错,很好,我儿子真厉害。" ×
>
> "儿子你在学校运动会赛跑中得到了第一名,真厉害,这是你每天坚持运动的结果。周末想不想去欢乐谷庆祝一下?" √

■ 鼓励努力的过程,引导他们把成败归因为努力

> "考了 100 分,你太聪明了。" ×
>
> "最近一段时间学习很努力,所以考了 100 分,努力就会有回报,女儿,我相信你是最棒的。" √

3. 善用奖励和惩罚

在儿童的教育过程中,鼓励、奖励以及惩罚、打骂是常用的手段。物质奖励,比如零食和零花钱,会削弱孩子的内部动机,因为孩子的行为是为了获得奖励而不是自发主动地做某件事情,当物质奖励不存在了,孩子的积极性就立即降低。同样面对惩罚,孩子的目的只是躲避惩罚而不是完成任务本身,孩子只会完成父母要求的最低限度,也不利于孩子的内在动机培养。对于孩子的表扬和奖励是父母对孩子爱的一种表达,父母对孩子的爱是无偿的,并不是培养孩子的筹码,更不能用来和孩子做"交易"。不健康的奖励和惩罚只会让孩子感到被操控,自主感下降,不利于其内在动机的培养,减缓智力发展,造成孩子性格懦弱、脾气暴躁、抗压能力差。

■ 物质奖励是用来表达对子女的爱而并非用来进行"交易"

> "把青菜和碗里的饭都吃光,下午给你买一个玩具车。" ×
>
> 鼓励孩子参与到食物制作,承诺认真吃饭一个月,可以自主选择一种家庭青菜盆栽。 √

不利于孩子内在动机培养的教养方式：

| 滥用物质奖励 | 严厉的惩罚 | 社会比较 | 抑制自主性 | 严格监督 |

以下几种方法都有损孩子的自主感，孩子在活动中是否体会到自主感和胜任感对内在动机的形成至关重要。

滥用物质奖励——"认真吃饭，吃完饭爸爸给你买新的玩具"；

严厉的惩罚——考试不理想，拳打脚踢；

社会比较——"你怎么总是弹得不如邻居家的小明"；

抑制自主性——"衣服扔得到处都是，快玩去吧，你只会越帮越忙"；

监视的方法——有的父母动辄走到门口监督孩子弹琴的状况。孩子经常能感到身后那双锐利的眼睛。

第 10 章
创造温暖支持型家庭环境

父母教养方式是家庭环境的最重要因素

家庭是儿童的基本成长单位。家庭环境直接或间接地影响儿童早期认知能力、情感以及人格品质的发展。良好的家庭人际关系和家庭环境有利于个体人格和智力的健康成长,反之,不良的亲子关系,家庭成员关系紧张,父母缺乏对子女的监管,以及过分严格、多度溺爱的家庭环境,则可能导致儿童青少年时期的各种问题行为。构成家庭环境的因素包括教养方式、家庭结构、家庭气氛、人际关系、经济水平等。在各种家庭环境因素中,父母的教养方式尤为重要。对子女的教育,每个家庭都有自己独特的方式。一项对初、高中学生的调查发现,30%的学生认为父母是温暖理解型,40%的学生认为父母对自己溺爱,20%的学生认为父母对自己过于干涉,10%的学生认为父母属于严厉惩罚型。温暖理解型父母采用的是权威性教育模式,此类父母给孩子更多的理解和自主权,他们对孩子的期望合理,给儿童设定合适的标准并加以指导。生活在温暖理解氛围下的孩子体验到的正向情感比较多,对生活各方面的满意感较强,总体幸福感也较高。相反,父亲和母亲对孩子放任不管或管教过于严厉苛刻,孩子体验到的幸福感则会较少。对多个学校成绩优异学生的调查发现其中65%的孩子认为父母属于民主且易于沟通类型,19%的学生认为父母对自己管得不多;而在严厉、溺爱、放纵教育环境下,学习成绩优异的比例不超过20%。根据父母对子女的态度、期望,家庭氛围等,教育方式大致可以分成四种类型:权威型(authoritative parenting)、专制型(dictatorial parenting)、娇宠型(permissive indulgent parenting)以及冷漠型(permissive indifferent parenting)。

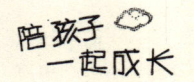

四种家庭教育方式的特点

■ 权威型：注重孩子的个性、尊重孩子的想法，同时会对孩子的行为施加限制

王硕是一名初二的学生。再过两个星期就是好朋友的生日，但是自己的零用钱不多了，不够给朋友买一个心仪的礼物，于是就向妈妈寻求帮助。当妈妈听到孩子想送好朋友一个新款运动手环的时候，感觉孩子是因为好面子的心理想在朋友面前炫耀一下，就与儿子沟通，说："好朋友之间不是通过礼物的贵重来衡量的，你这次送他一个运动手环，下次他不送你更好的礼物就会觉得没面子，这样攀比下去会影响你们的友谊。所谓礼轻情意重，你们都喜欢踢球，送一个足球是不是更好一些呢？"

■ 专制型：对孩子的要求很严格，制定高标准的行为准则，孩子缺乏商量的余地

韩芳刚升入初一，小学时成绩一直名列前茅。从小至今，父母在其学习上投入大量的心血，每晚都陪着小芳一起做作业，周末上钢琴和舞蹈兴趣班。在中学数学学习到二元一次方程组这个章节时，不知什么原因小芳表示听不懂，人生第一次出现了数学不及格的情况。爸爸看到试卷后，暴跳如雷，训斥小芳辜负父母的培养，在这么好的学习条件下不认真学习，竟然考不及格！然后就给小芳报了一周两次的一对一数学辅导，并且购买了大量的学习资料，规定每天多一个小时的数学学习时间。

■ 娇宠型：对孩子充满爱和希望，对孩子几乎没有限制

李金浩是一名初三的学生，父母做建材生意，很少有时间照顾儿子，因此对儿子总有愧疚的感觉，基本是满足孩子的一切要求。在一次运动会上，小李看到同学使用单反相机拍照，感觉那样非常有面子。回到家后就给妈妈打电

话要单反相机,妈妈并没有立即同意,表示如果孩子考上高中就买一个最好的。然后小李就告诉妈妈如果不买相机就不吃饭了,妈妈开始着急,连夜从出差中赶回,去商场买了一个单反相机,并把儿子手机也换成 iphone 6。

■ **冷漠型**:对孩子的成长没有限制和要求,只满足基本的食宿需求

周天毅是一名三年级的学生,家里做网吧的生意。在学校里他基本不和老师学生沟通,作业从来不做,放学后就在家玩网络游戏。父母对其的态度就是给他吃得好、穿得好,学习好不好就是他自己的事了,他愿意学就供养他读书,不愿意也没有办法,强扭的瓜不甜,没有这个天赋,努力也没有用。

四种类型教育方式的对比		
教育方式	父母特点	儿童特点
权威型	设定理性的要求并监督儿童完成,接纳儿童的需求和期望并作出积极的回应	认知能力高,自律、自信、较强的社会责任感和竞争力
专制型	设立不做解释的、强制性的过多规矩和要求,不理会儿童的合理要求	认知能力、专业成就、社会竞争力一般,顺从、缺乏独立性
娇宠型	对孩子言听计从,很少设立规矩,无节制地满足儿童的需求	自控力差、任性、缺乏独立性、性情不稳定、依赖、缺乏社会竞争力
冷漠型	自身满怀压力和问题,对孩子不管不问,放任自流	顽固、冷酷、攻击性强、倔强或缺乏自尊

权威型的教养是内在动机培养的最佳教育方式,能够提高儿童的社会化能力。权威型父母对子女的要求切实可行,灵活多变。在权威型教养环境下成长的孩子知道如何努力达成自己设定的目标;不论是在学习中还是社会交际中,孩子都会在父母的鼓励下积极参与,并能及时获得父母提供的

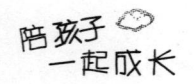

指导和帮助,孩子既能承担相应的责任又能体验获得成功的满足;当发生冲突和矛盾时,父母和孩子往往通过协商来解决,孩子在体验到尊重的同时也能发现自己的不足,并积极改正。生活在权威型家庭环境下的儿童青少年对自己的评价更真实,也更容易获得优秀的学业表现。说服、民主、鼓励、宽容的教养方式有利于儿童的智能开发,而惩罚、打骂、羞辱、拒绝、专制或过度保护、包办、溺爱、不问不管等方式则不利于儿童智力发展。一项对2015年全国21个省和直辖市的29名省级高考状元的学习、生活、思想状况调查发现,在生活中与父母顺畅沟通的高考状元超过50%,父母的教育方式偏向鼓励赞美的达到93.1%,严厉鞭策型父母只占到6.9%。儿童的社会知识、道德规范和社会行为首先是从家庭中获得的,家庭对幼儿心理发展的影响,其实质是家长的价值取向对幼儿的社会化的影响,也即家长把内化了的社会文化传递给孩子的过程。生活在权威型家庭环境的儿童青少年社会化能力更强,主观幸福感更高。中国曾开展了3~9岁儿童的社会性发展研究,数据显示采取民主型教育方式,儿童社会性得分显著高于宽容型和专制型的教育方式。宽容型教育方式给孩子较多的自由,对孩子的个性发展具有一定的好处,但是却不利于孩子社会适应能力的发展,孩子可能会不负责任,更多考虑自身的情感而忽略他人的感受。采取专制型的教育方式的父母,往往是出于"为孩子好"的目的,对孩子过多干预、过分保护,从而在一定程度上限制了孩子的自我意识和社会意识的发展,导致子女在真实社会中体验到更多的无助和不适。

权威型教育方式特点

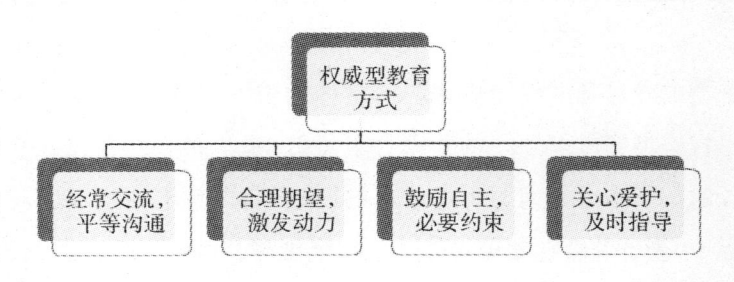

```
              权威型教育
                 方式
    ┌───────┬───────┼───────┬───────┐
  经常交流,  合理期望,  鼓励自主,  关心爱护,
  平等沟通   激发动力   必要约束   及时指导
```

教养方式的评判标准

权威型教养方式父母的特点
√ 知道孩子的优势和长处
√ 潜移默化地影响孩子的举动,使之成为出类拔萃的人
√ 对孩子的惩罚是公平的、恰当的
√ 通过恰当的言谈、表情、态度表达对孩子的爱
√ 在孩子不顺心的时候,与之沟通,鼓励和安慰孩子
√ 当孩子遇到困难时,及时提供帮助和指导
√ 以自己的孩子自豪
√ 对孩子充满信任,允许独自完成某些事
√ 根据孩子意愿使孩子的生活更有意义和丰富多彩,与孩子之间存在温暖、体贴和亲热感觉
√ 允许孩子与自己有不同的见解并支持孩子的见解
√ 对孩子的要求经过考虑后再决定是满足或拒绝
对孩子过分严厉父母的特点
√ 即使很小的过失,也会惩罚孩子
√ 当着别人的面打骂或训斥孩子
√ 孩子达不到自己的要求就会打骂
√ 对待孩子粗鲁无礼
√ 在孩子不知道原因的情况下,对孩子大发脾气
√ 以一种让孩子难堪、尴尬的方式对待孩子
√ 惩罚孩子时,经常处于负面情绪中
√ 在家里要求孩子遵循父母的要求
√ 在学习、交朋友等问题上,孩子没有与父母商量的余地
√ 不主动与孩子亲近

续表

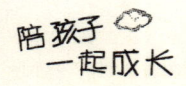

对孩子过分干涉父母的特点
√ 参与孩子的业余爱好活动
√ 总是关注孩子晚上在干什么
√ 过分担心孩子的健康
√ 如果孩子做错什么事,父母总是以一种伤心的样子使孩子有一种犯罪感或负疚感
√ 干涉孩子做的所有事情,学习、交朋友、课余安排等
√ 干涉孩子穿着打扮
√ 经常说"如果你这样做我会很伤心"类似的话
√ 孩子单独在家时,必须向父母说明在做的事情
√ 对孩子学习成绩、体育活动或类似的事情有较高的要求
√ 因为担心而限制孩子到喜欢去的地方
√ 对孩子的要求有严格的限制且绝不让步
对孩子溺爱的父母的特点
√ 处处特殊照顾,如不喜欢饭菜重新做一份
√ 经常说"孩子还小,不懂事"之类的话
√ 拿孩子哭闹没有办法,只能满足其要求
√ 对孩子生活方式不加控制,完全看孩子自主意识
√ 采用祈求央告的方式让孩子做某件事,例如吃饭、睡觉
√ 经常给予孩子物质奖励

根据父母养育方式量表(Egna Minnen Barndoms Uppfostran, EMBU)整理改编

创造温暖支持型的家庭环境

在孩子的不同成长时期或者根据孩子的特点不同,每个家庭都会尝试

不同的教养方式组合,只有适合自己家庭的教育方式才是最好的教育方式。但是不管采用何种类型的教育方式,都应该以温暖、支持型的成长环境为基础。在积极的家庭环境中,父母会积极参与孩子的成长过程,会经常和孩子进行沟通交流,会通过必要的行为约束帮助孩子养成健康的生活方式和生活习惯,并且鼓励孩子对问题进行思考和主动解决问题,为孩子创造丰富的学习和成长环境。随着儿童的成长,当孩子开始上学之后,他们会鼓励孩子通过自己的努力获得更好的成绩,对孩子提出符合实际的期望,当孩子出现问题时,会及时提供指导和帮助。孩子步入青少年期后,他们尊重孩子的自主性,给予孩子必要的成长空间,提供大量的实践机会,促进孩子的社会意识和社会技能发展。毋庸置疑,这样的家庭环境更有利于儿童智力和社会化发展,因此父母需要努力地营造出这样一种积极的家庭环境作为孩子成长的有力后盾。

积极的家庭环境至少包含 6 个方面内容

- 父母平和的情绪和态度,例如当孩子表现不佳时,需要保持冷静和进行鼓励
- 避免使用责骂和惩罚
- 物理环境设置和活动安排,如保证卧室的整洁、安全,鼓励孩子多参与室外活动
- 提供适当的玩具和学习材料,例如课外书籍、音乐器材、体育用品等
- 父母多参与孩子的活动,例如多给孩子讲故事,积极回答和解释孩子的疑问等
- 保证孩子日常的成长活动的丰富程度,例如经常带其参观博物馆、科技馆,参与社区服务及社会实践等

家庭成长环境质量的评估方法

使用该表对婴儿、学龄前以及学龄期儿童的家庭环境进行观察记录,每

个年龄段下打钩项目计入评估标准中，满足的项目越多，家庭环境越有利于孩子智力和社会化发展。

	0~2岁	3~5岁	6~9岁	10~14岁
每周4次以上的户外活动	√			
有三本以上课外读物（3~9岁有10本，10~14岁有20本）		√	√	√
每周给孩子读书讲故事3次及以上	√	√	√	
带孩子去商场（每周一次或者2~3次每月）	√	√		
孩子至少有一个毛绒玩具	√			
孩子至少有一个可以用来抓捏的玩具	√			
父亲经常参与教育孩子，每周至少4次陪孩子玩耍	√			
每天孩子至少一次和父母一起吃饭	√	√	√	√
做家务时经常和孩子交流	√			
最近一周没有打过孩子	√	√		
听到孩子哭喊后，及时进行安抚	√			
母亲恐吓孩子	√	√		
给孩子提供合适的玩具和游戏	√			
孩子在父母的视线范围内	√			
玩乐的场所是安全的	√	√	√	√
家庭至少订阅一种杂志		√		
最近一周给孩子拍过照片（含视频）		√		
帮助孩子学习数数		√		
帮助孩子学习词语和认识拼音		√		
帮助孩子认识物体的颜色		√		

续表

	0~2岁	3~5岁	6~9岁	10~14岁
帮助孩子认识物体的形状和大小		√		
孩子对饮食有一定的选择权		√		
当孩子犯错时,大声对其训斥		√	√	√
最近一年去过博物馆、科技馆、艺术馆等		√	√	√
孩子自己整理床铺			√	√
孩子自己进行洗漱			√	
孩子的卧室整洁干净				√
孩子参与到家务中,例如刷碗、扫地、浇花等				√
孩子的课余时间可以自由安排				√
能够演奏家中的乐器			√	√
家庭每天都看报纸或电视了解社会事实			√	√
孩子每周都在课余时间读书			√	√
鼓励孩子养成良好习惯			√	
最近一个月至少参与过一次运动、音乐、绘画、舞蹈、话剧课程			√	
在最近一年内参与乐器表演或者话剧表演			√	√
每月与亲朋好友往来2~3次			√	√
父亲至少一次和孩子参与户外活动			√	√
一起看电视、电影时,和孩子讨论剧情			√	√
卧室灯光合适		√	√	√
家庭整洁干净		√	√	√
书桌整齐干净		√	√	√

第 11 章
他们为什么学业不良

成绩很重要，但是分数会掩盖学习的深层次问题

关于分数重要还是能力重要的话题，一定会引来无休无止的争辩。曾有一项对大学生关于如何看待高考的调查，其中某知名重点大学一位同学的回答则具有现实的参考意义。

"我不知道高中三年是如何度过的，每天都是拼了命地去学习，那时的我只知道只有考更高的分数，才能上更好的大学。在大学里，我慢慢意识到见识、视野、兴趣爱好等对一个人的影响有多大，这些能力的不足也让我失去很多的机会。但是倘若我当年没有发疯似的读书做题，恐怕你现在采访的可能是另外一个人，而我连像这样和你在咖啡馆里聊天的机会都没有。人生的道路虽然漫长，但紧要处常常只有几步，特别是当人年轻的时候。如果当时有更好的选择，我也许不会拼了命似的学习，但是我在年轻的时候选择了读书这条路，就只有在高中的时候去努力学习。以后有了自己的孩子，我不会刻意要求他们一定取得什么样的分数，会更多尊重他们的兴趣和爱好，人生的道路也不止高考一种。但是他们一定要为自己的选择去努力，我可以接受孩子成绩不好，但是不能接受他们以学不会为借口去逃避学习，至少我希望看到他们真正在学习上努力过。"

在现阶段，成绩往往和所获得的教育资源成正比。因而成绩非常重要，

但是单独以分数来表示学生的成绩却会掩盖学习的深层次问题。成绩很重要并不意味着一切以取得高分数为目的。学习的本质在于掌握"学习的能力"。很多成绩优异的学生虽然分数很高，但是却不具备"学习的能力"，因为他们的成绩是建立在大量投入学习时间的基础之上，并没有去思考如何通过减少学习时间来维持或者获得更好的成绩。一旦在学习中投入大量的时间，就不能对自身进行其他方面的完善。在国际社会中，普遍认为亚裔子女比欧美国家孩子更加勤奋努力，学习成绩远远超过同龄西方国家孩子。但是却很少有亚裔能进入美国职场最高层。亚裔在高层岗位中所占的比例远低于低层岗位，常常被认为只有执行能力而缺乏管理能力。社会是对一个人综合能力的考察，这也是很多成绩优异的学生步入社会后变得平庸的原因，因为他们缺乏高效的"学习能力"，不能更好地学习和变通以适应复杂的社会和人际关系。教育中存在"第十名现象"：离开学校十年、二十年以后，在各行各业崭露头角、有所成就的，反而更多是那些成绩在班上中等偏上的学生。希望每一个家庭都能教会孩子掌握"学习的能力"，给孩子创造丰富多彩的锻炼机会，提高孩子的综合竞争力。

大多数学生成绩不好则是因为没有内在动机驱使他们跳出心理舒适区。心理舒适区是个人构想出来的一个让自己保持安全感和免受不舒服的感觉的心理边界。学习需要花费大量的精力和脑力，是一件辛苦的差事，而放弃一道题、一个知识点则非常容易操作，比如很多学生喜欢一边听音乐，一边写作业，当作业遇到了困难，就会选择多听一会音乐让自己放松一下，甚至看一会电视，而没有突破心理舒适区去尝试解决遇到的学习问题。很多孩子不仅仅是学习成绩不好，即使给他们机会尝试自己喜欢的事情，他们也未必会做得很好，因为他们习惯了安逸和轻松，不愿意去尝试和努力改变。虽然并不是每一个学生都能在学业上取得瞩目的成绩，但是至少应该让孩子具备更强的内在动机去跳出心理舒适区，不断去挑战自我；即使未选择学业这条道路，也应该让孩子掌握"学习的能力"，为职业的发展做好必要的积累和准备。而家庭则应不仅仅在学业这条路上给予孩子更多的帮助和指导。

3~4年级是儿童学业动机发展最关键阶段

新奇的事物总是吸引低龄儿童注意力，他们的行为容易受到环境的影响。对于低年级儿童，学业不良通常是因为注意力不集中、粗心大意。据统计，小学生70%的错误源自粗心大意。进入小学高年级（4年级）后，学校和家庭更加重视儿童的成绩而非其努力的过程。儿童通过社会比较来评估自己的行为，更加喜欢和自己成绩相似的同伴做朋友。长时间的成绩不佳使得儿童倾向于把成绩不佳归因为自身能力的不足，逐渐放弃努力并接受现状。因此对于小学生而言，良好的学习习惯和态度是学业教育的重点。在家庭教育中，父母需要约束他们的学习行为，帮助他们把认真学习和写作业内化成习惯。在儿童进入小学高年级后，当成绩出现波动时，家长应给予更多的鼓励和支持，及时提供帮助，避免儿童产生习得性无助感。

> 3~4年级是儿童学业动机发展最关键的阶段
> 此时小学生遇到学习困难时，把成绩归因为能力不足，这将导致他们对以后成功期望过低而放弃努力，开始降低对学习的重视度，把学习当成一种负担，逐渐形成消极的学业自我。

小学低年级是儿童作业习惯养成最佳时期。家中应备有一个作业记录本，让孩子把每天需要写的作业记录在本子上，以避免漏写作业；家长经常检查孩子的作业，按照作业的完成质量，在记录本上进行评价。参考孩子的意见设定作业时间，在写作业的时候不打扰孩子。等孩子写完后，统一指导，不要一出现困难就立即给予帮助，防止孩子养成依赖性，不主动思考。尽量鼓励孩子单独写作业，不陪读。当孩子作业完成质量较好时，多给予鼓励；如果孩子作业完成不理想时不要责骂孩子，过度责骂会让孩子把作业当成一种负担或者惩罚，更加逃避写作业。学校作业完成后，鼓励孩子看一会年龄适宜的课外读物或者进行绘画、音乐等兴趣活动。所有任务完成后，让孩子有自己自由支配的时间。这些都有助于帮助小学生培养良好的学习习惯。培养孩子养成良好的作业习惯不是一朝一夕的事情,在孩子小的时候多花些时间,花点精力,等孩子养成良好学习习惯,父母在之后子女的学业上会更加省心。

扫一扫,了解更多:
激发学习兴趣的三条黄金法则

初中二年级是学业表现发生转折的关键时期

随着儿童的成长,12岁左右儿童的思维过程发生了重大的转折,逐渐具备了进行抽象思考的能力。在小学阶段,儿童的思维存在局限性,他们只会把推理应用到真实可以想象的事物上;进入初中后,儿童可以理解抽象概念,进行抽象思维运算。例如一年级的小学生能够想象大象和猴子,因此他们可以分辨出大象比猴子质量更大。如果换一种方式问"假如大象的质量是a,猴子的质量是b,那么a和b的大小关系如何?"他们就不能正确回答。把a和质量联系起来就是进行抽象思维的过程。到了五年级,小学生可以通过列方程解答诸如"两列火车同时从距离536千米的两地相向而行,4小时后相遇,慢车每小时行60千米,快车每小时行多少千米?"的问题,但是还不能理解在匀速直线运动中,距离与速度之间的函数关系。因为函数是一个抽象的概念。初中时青少年能够把事物的内容和形式分离出来,他们的思考不再局限于看到的是什么,而是某物本质是什么。因此,初中课程中有了大量的抽象定律和公式,需要他们把定律和公式运用在不同的场景中。

> 初中二年级是学业表现发生转折的关键时期
>
> 进入初二后,知识体系中出现了大量的抽象概念。抽象概念是难以理解的,很多学生对于抽象概念的理解过于肤浅,一知半解,学习成绩出现下滑。

儿童对于抽象概念的理解受到其想象力和童年经验的影响。因为理解抽象事物依赖于已知的知识和个人经验。请您判断：

"胶原蛋白中存在的螺旋结构不同于一般的α-螺旋，是由3条具有左手螺旋的链相互缠绕形成右手超螺旋分子。链间氢键以及螺旋和超螺旋的反向盘绕维持其稳定性。"

如果你对生物化学没有了解，就完全不能理解上句话的含义，更不能想象出胶原蛋白的空间结构，尽管在生活中经常听到胶原蛋白的概念，也只能对上句话一知半解。丰富多彩的童年经历和活动促进儿童综合智力的发展，有利于儿童对抽象概念的理解。家长应避免对儿童过早进行大量单一技能教育，机械记忆不利于儿童想象力的发展。如果孩子只接触学校书本知识，不利于其对抽象概念的理解。家长可尝试拓展儿童青少年的知识面，经常带孩子参观博物馆、科技馆，丰富他们的课外读物，都有助于他们对抽象概念的理解。而教师给学生提供指示时，首先让学生复述他的思考过程，给学生提供关键步骤的线索和提示，鼓励他们自行理清思路和独立解答，避免直接告诉答案。当学生完成解答后让其对整个思考和解答过程进行思考，鼓励他们在学习中经常进行总结对比，帮助学生理清知识体系中各部分的区别和联系。

高一上学期是高中学习成绩的分水岭

初中的课程设置是为了让学生了解人类、社会、自然发展的基本规律和现象，帮助他们形成积极健康的人生观、价值观和世界观。经历三年的中学教育，学生对抽象概念的理解和运用技能有了极大的进步，他们逐渐能够根据假设进行逻辑推理。高中对青少年的思维能力提出了更高要求，在初中课程偏重记忆和理解的基础上，强调对抽象概念的理解和应用。因此，高中的课程难度是初中不可比拟的。高一是高中学业成就最重要的阶段，如果学生的学习方式和态度没有适应高中的节奏,就很难跟上高中的教学进度,高一上学期就成了学业表现的分水岭。

初中、高中课程对比,以政治题目为例:

（安徽·2015中考政治）8.师生交往是学校生活的重要内容。下列属于平等、民主、和谐的师生关系的有（　）
①小强向王老师提出班级管理的建议
②小刚不服刘老师的批评,顶撞老师
③晚会上,王老师和小丽表演的哑剧让同学们好开心
④放学后,小敏和张老师交流自己与同学交往中的烦心事
A.①②③　　B.①③④
C.①②④　　D.②③④

（2015高考全国卷文综）24.卤水豆腐是历史悠久的中国传统食品。卤水是制作卤水豆腐必需的稳定剂和凝固剂,其主要成分氯化镁是有毒的,但用卤水点制的豆腐不仅无毒,而且味道鲜美、营养丰富。这表明
①事物的特性是不变的,其功能是不断变化的
②事物的不同特性是由人的不同需要确定的
③事物的特性是人们建立新联系的依据
④事物在不同的联系中会有不同的特性
A.①②　B.①③　C.②④　D.③④

高中课程更加强调把事物规律普遍应用,因而高中课程难度明显高于初中。

> **高一上学期是高中学习成绩的分水岭**
> 高中对学生的思维能力提出了更高的要求,更加侧重对抽象概念的理解和运用,听懂了,但是不会做题目是学生普遍存在的问题。如果学生进入高中后未能适应高中的节奏,很难取得较好的学业成就。

听懂但是仍然不会做题是正常的认知现象

听懂了,但是仍然不会做题目是高中生普遍存在的问题。听懂不会做也是一种正常的认知现象,因为当我们读到或者听到一段文字或者语言,大脑会优先利用自己记忆中储备的知识进行理解,这样的好处是可以更快地去理解新问题,但是也让我们难辨问题的深层结构。当我们将已有的知识应用到新的问题上时,知识还是原来的知识,但是问题从各个角度看都是全

新的。看到股票、股市这两个词语时,我们的大脑会优先搜集关于股票和股市的知识和经验,以方便我们对其理解。正如下面的问题,它们具有相同的深层结构,都是告诉我们总数和每部分之间的倍数关系,第一个问题是通过苹果和橙子实现,第二个是通过股票实现。很显然,大多数人对苹果、橙子比对股票更熟悉,因此碰到第二个问题时,可能会花费更多时间去理解股票的含义,而忽略两个问题之间相似的深层结构。

| 圣诞节,李雷购买的苹果和橙子共有30个,当苹果送出去一半后,剩余的苹果和橙子的数量相同,苹果和橙子各有多少个? | 王先生卖出部分股票,一周后,股市持续下跌,王先生再次卖出,第二次是第一次卖出的两倍,两次共卖出15万股,请问王先生第一次售出多少股票? |

　　我们的大脑优先寻找合适的背景知识来理解词语和句子,看到第一个问题想到苹果、橙子,第二个问题想到股票和股市,成人具备更多的知识和经验,因此比儿童更加容易意识到两个问题的相似性,更容易获得答案。儿童更多关注问题的表层结构——上述文字的意义,因而他们将两者快速联系起来的能力相对较弱。

高效练习是促进知识应用的最佳途径

　　缺乏练习就不能把知识和问题联系起来,意识不到新问题和已解决问题之间的相似性。低层次的思维过程必须不假思索,成为一种潜意识,才能给大脑腾出足够的空间进行高层次认知活动。练习,尤其是基础知识的练习是学生学习至关重要的过程,如果大脑缺少相关知识的解决经验,就需要花费大量的精力寻找脑海中与问题相关的背景知识。面对新问题时,尽管他们在努力思考,更多是对问题中词句的理解,没有把问题的含义和深层结构对应起来,因而表现得茫然而不知所措,特别是当一个问题有很多组成部分,解答过程复杂时。而高中考题恰恰包含多个步骤,像高考物理试卷计算题,一道题目最多含有20个步骤。如果学生缺乏行之有效的练习,在考试中面对稍微复杂和变通的题目就只能"望题兴叹",一头雾水了。

但是练习不是盲目地大量做题。升入初中或者高中后,青少年作业成倍增加,表面上看他们并不缺乏练习题目,但是他们完成作业的效率是极其低下的。通常一份试卷中约50%的题目属于基础题目,一般同学都能得到这部分分数;30%属于综合题目,只有对所学的知识非常熟练,能够做到融会贯通,才能得到这部分分数;剩余20%的题目属于难题,这部分的题目用来区分优秀的学生。当学生的成绩不理想,除去本身学习动机、智力等方面的原因,需要分析自己的学业问题在什么地方。根据自身的学习状况,有针对性地进行练习。如果是因为基础知识不扎实,则需要多加练习基础知识相关的题目;多做综合题目和难题,反而会打击学生的信心,不利于成绩的提高。如果学生的基础知识没有问题,对于综合题目缺乏解题思路,一方面需要总结和思考所学的知识点,分析和梳理相关知识点之间的关系,把单一的知识点连接成知识网络,然后在此基础上练习综合题目,把错题进行归纳和整理,分析和思考如何在一道题目中运用多个相关的知识点。

对于难题部分,无论是中考还是高考,题目最终都会向社会公开,因此不太可能出现偏题和怪题,在有限的考纲中,只有考查知识的深度。这部分的考察方向通常会在更高一级的知识体系中选择。中考题目里难题的选择方向就在高中知识里面,而高考题目的难题则出现在大学知识里面,也就是把大学、高中的部分知识进行简化处理,考查学生通过所学的知识推理和应用高中或者大学知识的能力。因此对于难题这部分,提前学习高中或者大学的部分知识,一旦弄明白这些知识,处理起难题来就比较得心应手。提前学习难题所对应的知识往往会比大量练习难题更有效果。难题的解答对教师的能力要求非常高,通常只有名校才具备这些能力。名校教师在日常的教学中也会把大学或高中里面可能学到的知识简化一下,混在例题里面讲给学生听。另外,知名学校都会开设诸如微积分、相对论、高等结构化学的选修课或者创新性课程,拓展学生的知识储备。这些都有利于学生解决考试中难题的部分。

"学习的能力"在学习中至关重要。当出现学业问题时,学生首先需要分析自己的学习状况,检查问题是基础知识不牢、综合题目缺乏思路还是难题不懂,然后根据自己的学习情况做到有选择有针对性的练习。如果缺乏这种高效的学习方式,而只是通过大量漫无目的的练习来提高成绩,只会让学生过得更累,并且达不到预期的效果。虽然不是每个人都有机会进入名校学习,但是现有的在线教育平台上包含了大量的名师授课教程,网络平台的授课能很好地弥补教育资源不平衡的缺陷。

最后,当孩子出现学习问题时,父母一定要及时地提供帮助和指导。因为初高中学习难度增大,而思考是一个耗时耗力的过程,当青少年遇到学习困难时,如果思考不能带来愉悦,他们更意愿选择停留在心理舒适区,不再去思考和学习,毕竟更多的孩子看不到中、高考中多一分少一分对未来人生的影响。久而久之,他们就习惯学业不良的现状,面对困难变得茫然而又无所谓,不再努力,并把这种挫败归因为自己的能力不足和环境条件不公,而非努力程度不够。这种不良的归因风格一旦形成,再想进行干预就非常困难了。

儿童青少年出现习得性无助的表现
➢ 不喜欢学习,感到学校生活枯燥无味
➢ 除了完成老师布置的作业,极少主动学习
➢ 遇到不明白的问题,缺乏想方设法去弄明白的内在驱动力
➢ 读书感到疲劳厌倦,想睡觉
➢ 对某一科目或者几个科目从不花时间或者花的时间极少
➢ 在学习方面没有发言权,一切听从父母、教师安排
➢ 不知道如何取得好成绩
➢ 感到学习没有价值,想尽快毕业工作

当孩子出现以上状况时,可能意味着他们产生了习得性无助的心理。

参考文献

1. Shepherd, GM. The Synaptic Organization of the Brain[M]. Oxford: Oxford University Press US, 2004.

2. Corel, JL. The postnatal development of the human cerebral cortex. Cambridge, MA: Harvard University Press, 1975.

3. Roth, G; Dicke, U. Evolution of the brain and Intelligence[J]. Trends in Cognitive Sciences, 2005, 9(5): 250-257.

4. Montessori, Maria. From Childhood to Adolescence[J]. ABC-Clio, 1994: 7-16.

5. Tau, G. Z.; Peterson, B. S. Normal Development of Brain Circuits[J]. Neuropsychopharmacology, 2010, 35(1): 147-168.

6. 罗尔夫·E. 缪斯. 青春期理论(第六版)[M]. 周华珍, 等, 译. 上海: 上海社会科学院出版社, 2014.

7. 戴安娜·帕帕拉, 萨利·奥尔兹, 露丝·费尔德曼. 发展心理学——从生命早期到青春期(第10版)[M]. 李西营, 等, 译. 北京: 人民邮电出版社, 2013.

8. David R. Shaffer, Katherine Kipp. 发展心理学——儿童与青少年(第八版)[M]. 邹泓, 等, 译. 北京: 中国轻工业出版社, 2013.

9. 李艳玮, 李燕芳. 儿童青少年认知能力发展与脑发育[J]. 心理科学进展, 2010, 11: 1700-1706.

10. 程秀兰. 幼儿教育本质的规定性及其意义[J]. 学前教育研究, 2014, 09: 3-13.

11. 张磊. 孩子早教有必要, 但过度挖掘可能把孩子教傻[J]. 内蒙古教育, 2014, 05: 32-33.

12. 徐小妮. 0~3岁婴幼儿早期教养指导形式初探[D]. 华东师范大学, 2006.

13. 周兢. 论早期阅读教育的几个基本理论问题——兼谈当前国际早期阅读教育的走向[J]. 学前教育研究, 2005, 01: 20-23.

14. 余晓琦. 3~6岁幼儿口语与早期阅读发展水平的关系研究[D]. 华东师范大学, 2007.

15. 丹尼尔·T威林厄姆. 为什么学生不喜欢上学[M]. 赵萌, 译. 江苏: 江苏教育出版社, 2010.

16. Someya T, Uehara T, Kadowaki M, et al. Factor analysis of the EMBU scale in a large sample of Japanese volunteers[J]. Acta Psychiatr Scand, 1999, 100(4): 252-7.

17. Ryan, Richard; Edward L. Deci. Intrinsic and Extrinsic Motivations: Classic Definitions and New Directions[J]. Contemporary Educational Psychology, 2000, 25(1): 54-67.

18. Wigfield, A., Guthrie, J. T., Tonks, S., et al. Children's motivation for reading: Domain specificity and instructional influences[J]. Journal of Educational Research, 2004, 97: 299-309.

19. Ryan, R. M., Deci, E. L. Self-determination theory and the facilitation of intrinsic motivation, social development, and well-being[J]. American Psychologist, 2000, 55(1): 68-78.

20. Barbara A. Marinak, Linda B. Gambrell. Intrinsic Motivation and Rewards: What Sustains Young Children's Engagement with Text?[J]. Literacy Research and Instruction, 2008, 47: 9-26.

21. Xiang, P., McBride, R., Guan, J. Children's motivation in elementary physical education: A longitudinal study[J]. Research Quarterly for Exercise and Sport, 2004, 75(1): 71-80.

22. Mejía-Arauz, R., Rogoff, B., Dexter, A., et al. Cultural Variation in Children's Social Organization[J]. Child Development, 2007, 78(3): 1001-1014.

23. Golda S. Ginsburg and Phyllis Bronstein Family Factors Related to Children's Intrinsic/Extrinsic Motivational Orientation and Academic Performance[J]. Child Development, 1993, 64(5): 1461-1474.

24. 谷传华,陈会昌,许晶晶. 中国近现代社会创造性人物早期的家庭环境与父母教养方式[J]. 心理发展与教育,2003,04:17-22.

25. 王丽,傅金芝. 国内父母教养方式与儿童发展研究[J]. 心理科学进展,2005,03:298-304.

26. 谷传华,周宗奎. 小学儿童社会创造性倾向与父母养育方式的关系[J]. 心理发展与教育,2008,02:34-38.

27. 钱铭怡,夏国华. 青少年人格与父母养育方式的相关研究[J]. 中国心理卫生杂志,1996,02:58-59+94+93-94.

28. 李义安,王学臣. 大学生的心理健康水平、人格特征与父母养育方式的相关研究[J]. 中国健康心理学杂志,2004,05:329-330+397.

29. 俞国良. 学习不良儿童的家庭心理环境、父母教养方式及其与社会性发展的关系[J]. 心理科学,1999,05:389-393+477.

30. 赵莉莉. 中学生习得性无助感及其与学业自我效能父母教养方式的关系[D]. 河南大学,2010.

31. 王极盛,丁新华. 北京市初中生主观幸福感与父母教养方式的关系研究[J]. 中国健康教育,2003,11:52-53.

32. 武晓艳,曾红,马绍斌,等. 习得性无助量表研制及其与人格相关研究[J]. 中山大学学报(医学科学版),2009,03:357-361.

33. 姜永杰,郑航. 学习困难学生习得性无助及其干预[J]. 青岛大学师范学院学报,2006,02:118-120.

第4部分
从家庭走向社会

第12章
自尊是健康成长的灵魂

心理学研究表明,3岁左右的时候儿童自我概念开始形成,意识和行动的独立性倾向表现得最强烈。孩子长大需要寻求独立,这种独立性是儿童自我概念发展的结果。于是他们开始对父母的管束说"不",甚至会故意抗拒父母的命令以展现自我意识。父母的教养方式对儿童的自我意识发展起着重要的作用。随着年龄增长和生活范围的扩大,儿童不再只是家庭里的宝宝,他们慢慢融入社会生活中,扮演着哥哥姐姐、小朋友、小学生等多种角色。在这种成长过程中,他们逐渐学会理解和遵守社会规则,并不断地拓展自己的人际关系。从一个懵懂无知的婴儿成长为一个能感知社会并融入社会的社会人,这就是一个人的社会化过程。

家庭是儿童最早和最直接接触的社会化场所,在家庭里,儿童学到了最初的社会生活知识、技能、道德规范和行为习惯等。家庭教育是儿童社会化过程中最重要和最具有影响力的因素。在自我意识和社会意识的不断发展中,儿童逐渐形成对自己和社会的认知与评价,最终塑造了儿童独特的人格(personality)。每个人都会对其在社会中的角色进行自我评价,以约束自己的行为,在体现自我意识的基础上追求和呈现一种良好的社会形象。在这种社会比较和自我评价中,就形成了个体的自尊(self-esteem)。自尊一方面表现为自我尊重和自我爱护,另一方面还包含要求他人、集体和社会对自己尊重的期望。自尊构成了人格的心理基础。如果儿童的自尊需求得不到满足,就会表现出认识失调和行为失常,增加亲子冲突和家庭矛盾,甚至产生心理健康问题。

3岁后儿童具有自尊需求，逐渐能够理解和遵守规则

新生婴儿的心灵就像一张白纸，纯净无瑕，早期的教育决定了他们的自尊发展。人生的第一年，父母给予婴儿无私的爱，婴儿在与父母的亲密关系中感悟到"他们爱我，我必定是特殊的"，逐渐意识到自己和父母属于同一类生物。假如脱离人类社会，婴儿就会产生错误的身份认同，例如在出生后脱离人类社会，被狼抚养的狼孩的意识里，他们是狼而不是人。2~3岁时，幼儿的心理出现人生中第一次重大转折，具备了自我概念。此刻，儿童不仅意识到自己隶属于人类种群，更是其中的一个独立个体，于是他们寻求独立活动，对成人的要求更多说"不"；希望表达自己的主张，对成人的限制感到不满，学龄前儿童活泼好动就是他们主动探索自我的表现。儿童反抗父母的约束是自尊成长的体现，是他们健康成长必经的历程。3~8岁儿童的自尊水平处于一生中较高的水平，但是自尊的稳定性差。学龄前期和小学早期儿童的自我价值感高，对自己的能力充满信心，渴望通过自己的努力获得父母、老师的认可和喜欢，在课堂上不论会不会，他们都把手举得高高的，以引起老师的注意。然而儿童的自尊心又十分脆弱，得到成人的鼓励后，自信大增，但受到打击后会丧失斗志，无法对自己的能力进行真实的评估，成人的评价和反馈对其自尊心影响较大。

在对儿童的教育中，父母、老师会觉得这一阶段的儿童不听话，难以管理。这是由于此时儿童缺乏对自己能力的正确认识，会答应父母、老师几乎所有的要求。当儿童被要求认真写作业，不要边写边玩时，儿童会欣然答应父母的这些要求，然而他们的自控力和注意力还不能保证他们安静认真地完成作业，一会儿就乱动，玩了起来。此时父母就会觉得孩子不听话，而孩子则觉得一切都是按照父母的要求在做，不明白父母和老师为什么会动怒。前文我们提到过权威型教养方式最有利于儿童自尊的健康发展，权威型父母对儿童的期望合理，了解子女的能力状况，当儿童的表现不如人意时，权威型父母能够更好地控制自己的情绪，也能更好地维护孩子的自尊。

3岁后儿童对规则有了更好的理解,能够对规则进行内化。成人对儿童行为的干涉给儿童带来更加复杂的情绪体验,儿童会把行为的结果和自身的能力联系起来,根据结果对自己的能力和品质进行评价,把遵守规则当成对自己能力的考验,尽管遵守规则可能会带来不愉快的体验。例如3岁后,训练儿童如厕,儿童会把自己如厕当成对自己能力的检测,如果能够自己如厕就认可自己的能力。相反,如果成人对儿童如厕的表现感到失望,他们就会对自己的能力产生怀疑,若父母对其进行责骂,则更不利于其如厕训练。一方面,儿童自我意识的发展促使他们更喜欢探索自我,反对成人的约束。随着自我意识的发展,3岁半至6岁儿童对父母的管教反抗最为剧烈,也是儿童一生中最淘气的阶段。如果父母把儿童的"淘气"行为理解成他们自我意识的正常表达,而不是故意的反抗,就能更好地帮助他们学会自我控制、增强自我价值感,并避免亲子冲突。另一方面,儿童根据成人、社会对自己行为的反馈及时调整以获得成人的欣赏和认可,并逐渐把规则内化为习惯,主动遵守家庭、学校和社会规则。如果父母没有对儿童的行为进行限制,教育子女遵守规则,儿童长大后自尊心就会过强,自律性较差,表现出自负、自恋的不良情绪;反之,如果父母对儿童的行为过度干预,就会降低儿童的自尊,使其自尊心受到伤害。

小学阶段是儿童自尊从动荡向稳定过渡的时期,青春期后趋于稳定

8岁后儿童的自尊开始出现下降,至12岁左右(青春期前期)自尊水平处于最低,但是稳定性逐渐增强。8岁后儿童都已经接受小学教育,与学龄前相比,学校学习的系统性和目的性增强,且具有更大的强制性,他们可能在学业和社会关系上体验到一些挫折。因此,儿童入学开始,他们的自我评价开始下降,自尊水平也随之降低。儿童的自尊水平降低就会迫使他们通过非正常途径满足自己的自尊需求,他们可能把自我价值感建立在物质基础上,以追求名牌、相互攀比来满足自己的自尊需求;或者是沉迷于网络游戏、电视中,在虚假的精神生活中寻找安慰和满足。此时是儿童自我意识和

自尊从动荡向稳定过渡的时期，父母需要引导儿童建立健康、积极的自我价值感。

青春期是孩子自尊发展的另一个转折时期。处于青春期的孩子，身体的变化让他们产生成人感，他们希望摆脱童年的一切，但是思维方式局限性很大，容易偏激，优柔寡断。一方面他们要展示自己的"成人形象"，另一方面也因为自己思维的不成熟而受到来自父母、教师和社会的负面评价。这种生理上的成人感和心理上的不成熟让他们感到极其矛盾，自我评价能力下降，不能正确地判断自己的能力，更多表现出防御性自尊来维护自己的自尊需求。他们暗中努力来达到心中或者社会的期望，然而一旦体验到困难，就容易把这种挫败归因为自己能力不足，表现出自卑、自暴自弃、自轻自贱等行为，甚至可能放弃生命。或者是通过逃避的方式满足自己的自尊需求，自视清高，嫉妒他人，自恋，对父母、社会的要求表现得不屑一顾甚至故意反抗。当青少年的自尊需求不能被满足时，就会表现出防御性自尊来保护自己。青春期前后也是青少年心理健康问题高发和敏感阶段，父母首先应该转变对子女的态度，尝试着把他们当成独立的个体，给他们更多的尊重。其次应该给青少年提供丰富多彩的社会实践机会，让他们在真实的社会环境下评估自己的能力，对自我和社会形成更加客观的认知。

■ 不同类型自尊的特点

自尊	性格特点	行为表现
健康自尊	自信	喜欢挑战，不怕困难，自我认同，自我激励，适应性强
不健康自尊	自负	自尊心强，情感脆弱，自我吹嘘，虚荣心强
	自卑	自尊心弱，易自暴自弃、自轻自贱等，甚至可能放弃生命
	自恋	不负责任，冷漠，自我中心，攻击他人，报复社会等

到了青少年晚期和成年早期,青少年身体不再发生大的变化,思维也逐渐变得成熟,自我的概念基本稳定,对自己的社会定位也更加准确。在成长的过程既体验过成功带来的喜悦,也感受到挫折带来的无奈,已经积累了丰富的自我情感控制的经验,因此自尊逐渐趋于稳定。

■ 不同成长阶段,儿童自尊发展水平不同,因而家庭面临着不同烦恼

0～1岁	2～8岁	8～12岁	13～18岁
稍有不适就会哭泣	反抗父母管束	追求物质,虚荣心强	青春期早期心理敏感,难以捉摸

生命第一年,儿童通过哭泣表达自己饥饿、口渴等需求,哭泣让父母感到神经质。2～3岁儿童出现自我意识,自尊心萌发,表现自主性的同时对父母的约束开始说"不"。4～8岁儿童的自尊心膨胀,好奇多动,为赢得成人的喜爱会盲目答应成人的很多要求,事后又不能完成,容易让父母情绪失控。8～12岁自尊心不稳定,容易产生错误的自我价值感,追求物质,虚荣心强。青春期早期青少年喜怒无常,心思捉摸不定,为维护自己的自尊需求,对外界表现出敌对态度,常常"嫌弃父母";青春期后期,自尊趋于稳定。

公子通的悲剧

自尊受辱导致了公子通的悲剧,根本原因却是母亲的教育方式。公子通的悲剧固然是封建礼教的悲哀,但更是魏长使教育失败一手造成的结果。公子通从小就受到"诗书礼仪"的教诲,内心奉行秦国的严酷法令,被太子羞辱后,自尊心受到剧烈冲击,自尊受挫后寻求安抚,却又遭受了母亲的打击。魏长使教育公子通接受现实,忍气吞声,逆来顺受。公子通伸张正义的想法

不能得到最亲近的人的认同,这更加剧了公子通价值观和现实世界的冲突。然而此时魏长使并没有意识到她失去了公子通的认可,反而不合时宜地表达对公子通的爱,又一次刺激到公子通敏感的心理。因为公子通事件源于"上巳节红鸡蛋",母亲在公子通受到羞辱后重新拿出红鸡蛋表达对公子通的爱,此时的公子通已经对母亲失望,于是产生报复母亲的想法来满足自尊的需求。可惜魏长使再一次刺激到公子通,因而坚定了公子通寻死的想法。"母亲一生都是为你,你明不明白?"在魏长使眼里是对公子通的爱,可公子通的感觉却是"爱我为何不认同我的价值观?爱我为何还要提到让我受辱之事?嘴上说爱我,却一直都在伤害我,那我也让你尝尝这种爱的滋味,让你失去最珍惜的东西",最终造成了悲剧的发生。

您觉得为什么公子通并没有按照魏长使的设想忍气吞声活下去,反而自寻短见?

公子通:"母亲明知并非孩子的过错。你敢向他们问罪吗?"
魏长使:"他是太子,又是嫡子,他的母亲是王后,我们怎么得罪得起他们!"
公子通:"他这样羞辱通儿和母亲,母亲还打算强忍下去?!"
魏长使:"不忍又能如何,好在有一日你会分封,母亲也能跟着你。"
公子通:"别跟我提分封。"
魏长使:"好好好,我不提分封,不提分封,通儿别急,今日过节,不提分封。你看,母亲专门准备了嫩荠菜、红鸡蛋;还有这个,是母亲特意给通儿做的荠菜花的枕头。好通儿,今日过节,你就不要出门了,陪母亲过节好不好。通儿,你说话呀。"
公子通:"母亲一辈子忍气吞声,让我也忍气吞声。若有一日通儿被他们害死了,你还会继续忍下去吗?"
魏长使:"通儿,我不许你说这样的胡话,母亲这一生活着都是为了你,你知不知道……"

选自电视剧《芈月传》第50集:公子通被太子欺负后,生前和母亲的对话(图片来源:乐视网)。

当公子通的自尊受辱后,母亲并没有让公子通的负面情绪得到合理发泄,反而一而再,再而三地刺激公子通脆弱的心理;更没有引导他积极地适应环境,重燃对未来的希望。虽然这一幕悲剧只是出现在影视作品中,但现实中却有着相似的版本。

> 孩子十三岁,自尊心很强,什么事别人都说不得,也碰不得,好好教导的话,也误以为在批评他,嫌家里人太啰唆。自己也不自觉,学习成绩一般,没有学习目标、方向。真不知道该怎么办。

这种状况并不是一朝一夕造成的,父母需要反思自身在子女的教育中存在的问题。通过社会实践的方式进行行为矫正,让孩子意识到心中的自我和现实中自我的差距,学会去理解和接受他人的观点和指导,慢慢改变孩子的习惯和性情。同时,在管束孩子的过程中,父母需要注意自己的言行,避免语言暴力对孩子产生二次伤害,造成更难以接受的结果。

第13章
不以规矩，不能成方圆

自我意识和社会意识都是成长的重要内容

爱孩子是每一位家长的本性，但给予爱的方式却千差万别。4岁孩子可能在你工作时，摸摸你的书，碰碰你的笔，在他们的意识里只是觉得这样好玩，理解不了这种行为对你的影响。如果孩子的行为被允许，他们以后的行为就会更加任性。相反，如果行为被制止，他们就能学会控制自己的情感和行为，在探索自主性的时候更多考虑别人的感受。

此外，智力的发展也使得他们能更加聪明地和成人"斗争"，并且表现得更有"毅力"，以此获取更多的独立性和需求。例如当孩子想吃糖而不被允许的时候，除了在众人面前大哭大闹外，他们还会哭哭啼啼地向爷爷奶奶撒娇，时不时地烦扰父母的工作等，迫使父母同意。孩子天性喜欢玩耍，喜欢通过游戏探索未知的世界，以此满足自我意识的成长。

然而成长建立在社会生活基础之上，只有行为得到社会的认可，儿童的自尊才能健康发展。父母对孩子过于无私的爱不利于其社会意识的发展，如果父母为表现对孩子无私的爱而减少对孩子的管束，为图省事、安心，尽快让孩子安静下来，或者以孩子还小为借口向孩子妥协，就会"鼓励"孩子通过哭闹满足自己的需求。长远来看，会造成孩子自尊水平低，自尊心脆弱，抗压能力和社会适应差；做事缺乏内在动机，面对困难更倾向选择逃避。父母爱孩子就要为孩子的长远打算，多给一块糖，默许孩子把玩具到处扔虽只是成长的一个片段，但这一点一滴却在不知不觉间塑造了孩子的未来。

■ 不利于孩子社会意识发展的方式

孩子还小，默许孩子的很多行为

为了孩子尽快安静，对孩子妥协

爱孩子，对孩子的批评点到为止

3岁后孩子已经具备了自我和社会意识，能够对规则内化、自律。当孩子把玩具乱扔的时候，父母觉得孩子还小，不懂收拾，帮他收反而更省事；当孩子拒绝吃饭并大哭大闹时，父母喂孩子；当孩子任性发脾气，甚至骂人、打人时，对孩子只进行一句"不要这样了，下次注意"或者"你要听话，做个好孩子"这种蜻蜓点水式的教育，助长了孩子的自我意识，阻碍了孩子社会意识的成长。

■ 在孩子童年早期必须对这些行为进行限制

1. 粗鲁、粗野的行为
2. 随意拿别人的东西
3. 打扰别人
4. 任性无礼的要求

规矩和惩罚是学会情感、行为控制的必要手段

在中国家庭教育中，通常父母中一方扮演红脸，一方唱黑脸。父母对孩子的教育方式不一致，当孩子犯了错，父母中一方责罚他们时，孩子会本能地寻找庇护。久而久之，孩子就会形成惯性思维——即使自己做错了，总有人会原谅我的，更加放纵自己的行为。家人、朋友越多，对孩子进行惩罚的阻力就会越大，来自四面八方的"爱"会限制你的惩罚。可是只有你才最了解孩子的习性和特点，并对他们的未来直接负责。另外时紧时松也是家庭教育的弊端，父母心情好就溺爱，而心情糟糕就训斥甚至打骂，对孩子的管

束和教育很多都是依赖自己的心境,孩子很难意识到什么时候因为什么会受到惩罚或奖励,这样非常不利于孩子对规则的适应及自我意识和社会意识的发展。规则并不是限制孩子的天性,而是让孩子更加健康地成长。教会孩子遵守规矩的目的是通过规则帮助他们学会对自我的行为和情绪进行管理。制定作息时间、制定合理的处罚标准,并和孩子一起严格遵守,反而对孩子成长大有裨益。

扫一扫,了解更多:
孩子需要规则

给孩子定规则的原则

虽然3岁后儿童可以把规则进行内化,通过自律约束自己的行为,但3岁也是儿童自我意识出现的年龄,他们成长的重要任务就是探索自主性。儿童在与父母、同伴、社会的交往中,通过他人和社会的评价来约束和调整自己的行为,逐渐形成自我评价标准和为人处世的价值观。因此父母需要在鼓励儿童的自主性的同时促进其社会性的发展。在发生亲子冲突或者孩子犯错时,只要孩子处于相对冷静的状态,父母应该默许孩子的一点点情绪变化,即使是成人有时也不能控制自己的情绪,何况是情智尚未发育完全的孩子。但孩子发脾气时,应该让孩子意识到"家法"的存在而非不闻不问。对待孩子发脾气,最有效的方式就是让孩子"面壁思过";当孩子大哭大闹,开始打人或摔东西时,父母则可以采取强制手段限制他们的行为。也许刚开始处罚时,儿童会反应剧烈,但是经历多次尝试后,儿童就会慢慢习惯这种处罚方式。

父母给孩子制定规矩需要兼顾儿童的自主性和社会性,请遵循以下原则。

1. 家庭成员对孩子的教育态度保持统一

阿杰是一个6岁的小男孩,聪明可爱,活泼好动,每当妈妈让他好好收拾玩具,或者认真吃饭的时候,他总是一副不理不睬的样子。周末下午,爸爸在加班,妈妈在厨房准备晚饭,而阿杰则坐在电视前看最喜爱的动画片《熊出没》。7点钟妈妈做好晚饭,"战争"就这样爆发了。

"阿杰,爸爸马上就到家了,准备吃饭,不要看电视了。"

"再看一会就好,妈妈!"妈妈听见儿子答应了,就继续在厨房忙碌,10分钟过去了,妈妈已经把饭菜摆好了,阿杰却丝毫没有关掉电视的迹象。妈妈就继续催促道:"快点过来洗手,爸爸已经到楼下,马上就吃饭了。"然而阿杰并没有理睬妈妈。妈妈又说了一次,依然没有得到阿杰的应答。于是妈妈来到客厅,对儿子喊道:"快点,吃饭了!电视关上!没有听见妈妈说话吗?"阿杰回答道:"我现在不想吃,等下看完再吃。"此时妈妈再也压制不住心中的怒火,拿起遥控器,把电视关上了,并对阿杰喊道:"不吃完饭,不准看电视!"电视关上后,阿杰跳了过来抢妈妈手中的遥控器,在争抢中遥控器掉落在地上。妈妈更加生气了,一把将阿杰从自己身边推开,并大声对阿杰吼道:"不吃饭,休想再看电视。"阿杰就坐在地上哭泣,边哭边向妈妈扔桌子上的零食。妈妈也蹲下身来,捡起地上的垃圾并抱怨道:"怎么生了你这样的小孩,一点都不懂事,能不能让人省心呀?"

爸爸回来后,了解整个经过后,一边安慰孩子一边对妈妈说,孩子还小,有什么事好好说,不要动不动就生气。最终把电视打开,把晚饭盛好,陪阿杰一边吃饭一边看电视。

阿杰的例子是家庭生活中常见的现象,妈妈本意是想孩子吃饭,但其解决的方式并没有使孩子听从,反而把一次简单的对话变成了一场"家庭战争"。如果阿杰独立生活,认为看电视比吃饭更重要一些,所以选择看电视而非吃饭并没有任何过错,他拥有自由选择的权利。但是阿杰毕竟是生活在家庭这个小社会环境中,满足自我的同时也需要满足他人。而爸爸在这件事的处理上和妈妈没有站在同一战线上,看起来和平解决了这一事件,但是在孩子的心里,他已经明白"会哭的孩子有奶吃的道理",知道下次怎么处理才能让自己更加"有利"。阿杰的家庭中缺乏父母对孩子惩罚和奖励的标准,当阿杰不听话或者犯错误后,父母的处置方式都是尽快让孩子安静下来,并最终向孩子妥协。浪费了一次对阿杰进行情绪控制和行为养成的教育机会。

爱孩子是父母的天性,但是家长也要学会"狠"下心,拒绝孩子的过分要求,并对其不当行为进行责罚。孩子的成长不是一天两天的事情,帮助孩子养成良好的习惯和学会对自己的情绪进行控制,不仅有利于孩子自我和社会意识的发展,更有助于创造和谐的家庭环境,减少亲子冲突,让父母更多地体验到孩子成长的愉悦而非烦恼。

> 2. 对孩子的行为要有合理的期望
> 3. 当发生亲子冲突时,父母需要先平复情绪,再对孩子进行教育

制定规则的目的是帮助孩子学会合理管理和控制情绪与行为,并不是要求孩子的行为都要符合父母的期望。制定规则前需征求孩子的意见,听从他们对处罚和奖励的意见。当规则制定完成后,要按照规则去严格执行,慢慢培养孩子的习惯。当孩子对规则表现出抵抗情绪或提出反对意见时,父母要多给他们一些时间,表现更多一点耐心。父母要对孩子的行为有合理的期望,不能要求规则制定后孩子立即遵守,要允许双方有适应和习惯的过程。父母须了解惩罚不是目的,而是一种手段,让孩子学会自我控制才是根本目的。

琪琪是一个5岁的孩子,周末和爸爸妈妈一起去游乐园。进入游乐园后,琪琪一会儿玩旋转木马,一会儿玩碰碰车。走到一个娃娃机前时,琪琪被里面的一个大白公仔吸引了,尝试多次后也不能抓到大白公仔,当爸爸妈

妈准备离开的时候,琪琪就不高兴了,非要那个公仔。可是家里已经有三个大白公仔了,妈妈不想再买一个新的。妈妈就把琪琪手中的公仔拿开,拉着琪琪准备离开。琪琪提高嗓门歇斯底里地哭喊:"我就要大白,就要大白。"妈妈抱着她说:"家里已经有三个了,回到家就有了,就不买了。"然而琪琪继续哭闹,一屁股坐在地上。妈妈继续说道:"你这孩子怎么不听话呢?家里已经有了,这个还没有家里的大,也没有家里的好,听话,不买了,回家咱们再玩大白。"琪琪表现得更加伤心,一边拍打地面,一边大喊:"我就要!"妈妈此时也有一些不耐烦,大声对其喊道:"再哭就把你丢在这儿,我们走!"爸爸走过来一边对妈妈说"你看看你,不就一个玩具,至于吗",一边对琪琪说"宝贝不要哭,爸爸给你买"。接着妈妈转向爸爸说:"不买就是不买,不能惯着孩子。"……

在上述情景中,并非都是琪琪的过错,喜欢玩具是孩子的天性,他们还不能很好地控制自己的行为,因此父母需要对孩子的行为有合理的期望,避免按照成人的思维去要求孩子。父母可以在进入游乐园前提前叮嘱:如果琪琪表现得乖乖听话,周末就和她一起做小熊饼干,并和孩子拉钩约定。进入游乐园后,提醒一下琪琪和妈妈的约定,让孩子记住这个约定,这有助于约束孩子的行为。但有时即便有了约定,孩子还是有可能不遵守。当出现冲突后,父母首先需要做的是平静自己的情绪。当父母表现得焦虑、愤怒时,孩子的抵触情绪就会剧烈。当父母心平气和地和孩子沟通的时候,孩子也能很快地安静下来。接下来就是最重要的一步,带孩子来到一个安静的地方,车库、卫生间角落等,让孩子接受惩罚"面壁思过",思考刚才的行为并和孩子分析一下整个事件的过程,向孩子解释规则的重要性和其刚才行为的不当之处。千万不要强迫孩子遵守规矩,把孩子强制拉走或是动手打孩子。可能您的尝试没有预期的效果,不如简单粗暴来得直接,但是一点点积极的尝试为下次积累了经验,这是一个逐渐改变和接受的过程。"教"和"育"需要家长花费更多的心思和时间,对孩子教育粗暴,孩子的成长自然也是粗暴多一些。

> 4.父母的权威并不是神圣不可侵犯的,教育子女时要注重他们的行为而非态度
> 5.规则不仅仅是对子女行为的约束,更是对其权利的保护

父母规定芃芃出去和同学玩时,晚上10点前必须回到家,否则作为惩罚下周就不能再出去玩。有一次芃芃错过了公交车,晚上10:30才回到家。到家后,父母责备她,"看看几点了,说!都干什么去了?还知道回家!"芃芃就解释没赶上公交。父母又大声责备道:"没赶上公交,你不会早一点走吗?"芃芃解释道:"已经提前10分钟走了。"父母听到芃芃的解释后更怒不可遏:"提前10分钟,怎么可能会晚呢?看看你这什么态度,本来还想和你好好说,还学会找借口了,再不好好管教,你都要上天了。"此时芃芃低头不语,然后父母又大声训斥道:"看看你的态度,怎么不说话了?犯了错,还不知悔改,以前的规定要改一改了,接下来的一个月别想和同学再出去玩了。"然后芃芃就扭头回房间,坐在书桌前低头不语。父母跟进女儿的房间,看到女儿书桌上的书都没有整理,放得到处都是,情绪更加激动,从回家晚过渡到学习态度不认真,学习成绩下降……语言训斥慢慢就变成了体罚。最后女儿委屈地哭起来,父母又抱怨女儿不理解他们养育孩子的艰辛……

孩子做错事,原因是多样的,不要把孩子的行为理解为故意的,成心挑战父母的权威。其实孩子做错事后,内心已经认识到错误,但是出于维护自尊的需要,不会态度"友好"地主动接受惩罚,如果孩子已经接受惩罚就不要纠结其认错的态度。把孩子的行为和态度联系起来只会让父母的情绪更加冲动,加重亲子冲突,更加不利于孩子遵守规则。事实上,超过80%的亲子冲突是由于父母的情绪失控引起的。失去理智的父母对孩子的惩罚就会扩大化,从眼前的错误开始对孩子进行全盘的否定,甚至会动手打孩子。父母一旦动手打孩子,不但对解决问题没有任何帮助,反而对孩子的心理造成创

伤，亲子关系更加恶化。

　　父母应当了解，规则不仅仅是对孩子行为的约束，更是对其权利的保护，也是对父母行为的约束。如上述案例中，规则中的晚上 10 点前回家只是用来保护女儿的安全，并不是用来限制女儿的自由，既然制定了规则，就不能随意更改。本来按照规则，芃芃下周是不能出去玩的，芃芃也愿意接受惩罚。然而当父母把她的晚归和态度联系到一起，对芃芃打骂后，这项规则就失去了最初的意义。如果规则可以被父母随意更改，那孩子就不知道究竟该怎样遵守规则，还有什么意愿去遵守呢？

第 14 章
不要用骂的方式说爱我

生活中语言暴力无处不在

"望子成龙""望女成凤"是大多家长对孩子的期待,当孩子的行为没有达到父母的预期,家长就免不了对孩子指手画脚,于是惩罚就成了教育孩子的常用手段。但随着社会文明程度的进步,社会成员文化水平的提高,持有"棍棒底下出孝子"观念的人数已经下降,相比体罚,更多人认为语言更加文明和温和,也成为父母进行家庭教育最常用的手段。"刀子嘴,豆腐心"是很多父母的教育方式,当孩子的行为无法达到父母的期待时,父母在情急之下,不经意间就会表达下面这些语言:

"这么简单都不会,你是猪脑子吗?"

"你不嫌丢人,我还嫌丢人呢!"

"都几点了,还睡!睡死你算了。"

"你这么能,你咋不上天呢?"

"没事不能看看书?有玩的时间不能多学习一下?"

"看你天天这个样子,长大也不会有什么出息!"

"哎哟,还学会哭了,憋回去。"

"你都多大了,能不能让我省省心?伺候你们爷俩得少活多少年!"

"吃完饭,把碗刷了,反正你一天到晚不干正事。"

"我怎么生下你这么没用的东西。"

"考了多少分？试卷拿过来！听到没有！快点,别磨叽！"

"你走！我以后再也不管你了！"

"乱画什么！当自己是艺术家？有那个本事没有?!"

"认真点行吗？别总是一天到晚让我们担心。"

"你就是调皮,一点都不听话！以为自己是科比,耍一下扣篮,摔着腿了吧。"

"父母一天到晚,起早贪黑的,都是为了你,你咋就不明白?!"

如果类似于上面的话语已经成为父母的习惯,那孩子无疑就生活在语言暴力环境下。语言暴力,就是使用谩骂、诋毁、蔑视、嘲笑等侮辱歧视性的语言与孩子交流,致使孩子遭受心理和精神上的伤害。可能很多父母对语言暴力不以为然,觉得孩子不听话责骂一下不会怎样,自己小时候也是这样过来的,也没见什么心理不健康,生活中的责骂只是希望他们更好地成长,扯到暴力层面,似乎有点小题大做。其实如果家长尝试站在孩子的角度去思考,就会明白语言暴力不仅是一种暴力,更是侵入骨髓的伤害。也许父母一句谩骂和嘲讽只是无心之举,但如果经常骂孩子蠢、笨,孩子就把父母的描述当成真实的自我,长此以往,孩子就会形成很低的自我期待,久而久之就丧失了成长的动力,不再主动地思考,遇到问题就选择放弃。

例如当我们在众人和孩子的面前随意谈论孩子的成绩时,看起来是在关心孩子的学习,但却是在使用语言暴力伤害孩子。成绩对于孩子就像收入对于父母,家长不妨试想一下朋友当着我们的面在众人面前讨论我们的收入时我们的心情：

"我家孩子太笨了,学习还一点都不努力,每次考完试看到成绩后,啥感觉都没有,也不知道咋想的,天天就知道玩。隔壁家的孩子,以前成绩还不如他,现在都进班级前十了。"

"小王他们两口太笨了,一年的收入还不抵隔壁老张家干一个月,自己笨,还

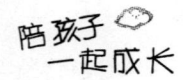

不认真地干,和他一个单位的老李,早就当上经理了,听说马上要换个新车。"

此时的儿童就像被别人讨论收入的我们。如果再加下面这一句:

"这孩子,就是死要面子,考试考不好,还不让别人说,一说就生气。"
"王哥,别走呀,每个月挣那么一点钱,还不嫌丢人,我都替你丢人。"

现在您能理解孩子为什么抗拒被别人讨论分数了吗?

常见语言暴力的特点

语言暴力具有命令、否定、批判、抱怨和对比的特点。如果有人用下表中的沟通方式与我们说话,大概我们会十分反感。可是我们却经常用这样的方式与孩子沟通,甚至这些话语变成了习惯。语言暴力不仅仅伤害孩子自尊,更是很多儿童心理问题产生的根本原因。每个孩子都是一个独立的个体,都有自己的尊严,当我们和孩子交流时,尝试着把他当成自己的朋友、同事,就会发现那些以爱的名义说出的话只会对孩子产生伤害。更何况孩子的思维还不成熟,对情感的认知和理解远没有成人那样成熟,因而家长在与孩子沟通时应尽量避免使用暴力语言。

■ 常见语言暴力的特点

语言特点	别人与我们的沟通方式	家长与孩子的沟通方式
命令	在公司年会上,领导对你说:"小王呀,听说你歌唱得不错,给大家表演一段呗,表演得好,我们给你买糖吃。快去呀! 不就唱个歌,害羞什么!"	在亲戚朋友聚会上让孩子当众表演但是孩子拒绝后:"给你花钱去学习舞蹈,你又不是不会。快点过来,听见没! 给叔叔阿姨表演一段,跳得好,给你买糖吃。"

续表

语言特点	别人与我们的沟通方式	家长与孩子的沟通方式
否定	在公司年会上,你唱了一首歌,大家情绪高涨,掌声连连,然后领导上台说:"小王唱得一点都不好,笨成他那个样子,工作一点都不认真,工作总结中竟然还有个表格填错了,都工作多少年了,还出现这种错误……"	在亲戚朋友聚会上,孩子顺利背诵唐诗并表演一段很棒的舞蹈,受到亲戚的夸奖后妈妈谦虚地说:"跳得也就那个样子,你不知道,他本来就笨,学习舞蹈一点也不认真,上次去学舞蹈,把衣服都弄丢了,天天让人操心……"
批判	"小王呀,把这个表填一下,反正你天天在公司也不干活。""这个人职培训的时候讲过,上次月会也强调了,你是猪吗?"	"吃完饭,把桌子擦一下,天天在家闲着,也不知道看看书。""给你讲过多少遍了,怎么还是记不住,猪脑子吗?"
抱怨	"我把青春都给你了,你竟然说不爱我。""等了你三个小时,你一点感觉都没有。"	"我这一生都是为了你,你咋就不明白?""都为你操碎了心,你就不能长点记性?"
对比	"邻居家多好,挣了几百万,你要能挣人家一半就好了。"	"邻居家孩子成绩多好,看看你,你要有她一半就好了!"

语言暴力是一种温水煮青蛙式的侵害

　　孩子的内心脆弱又敏感,父母是世间他们最信任的依靠。如果孩子无法预知父母毫无征兆的愤怒,如果无论怎样积极努力都可能被父母否定,如果孩子合理的要求总是被父母无情地拒绝,他们心目中父母的"天使"形象就会崩溃。然而孩子又能够感受到父母是爱自己的,但父母的行为又让他们感到困惑。于是他们对成长就会感到迷茫,要么选择逃避或封闭自己拒绝与他人正常地交流,逐渐形成内向、封闭、自卑的性格;要么把所受到的伤害向他人和社会转移,变得暴躁、易怒,内心充满仇恨和不满。国内外大量的心理学研究都发现,孤独、自闭、内向、忧郁的青少年在童年几乎长期受到父母的语言虐待。相较而言,体罚更多伤害的是孩子的身体,其痛苦是短暂的。而语言暴力却是一种温水煮青蛙式的伤害,悄无声息、不知不觉间消磨儿童心性,甚至摧毁儿童意志。

语言暴力产生的原因

语言暴力源自不平等的相互关系,受害者通常缺乏保护自己的力量。在亲子关系中,儿童青少年往往处于弱势一方,当父母缺乏对孩子的尊重时,往往不注意自身的言辞,甚至以爱的名义进行语言暴力。"骂你是因为我们爱你,都是为了你好"是多数父母的心声。父母越是关心孩子,就越容易对孩子的成长感到焦虑;恨铁不成钢就成了很多父母的日常心态。于是当孩子没有达到父母的心中预期时,父母常常感到不满,"嫌不嫌丢人"和"自己笨,还不努力学习,怎么会有好成绩"等就会脱口而出。其实,"骂在孩身,痛在娘心里",这样的语言暴力只会让父母和孩子都受到伤害,达不到教育的目的。只有当父母给予子女更多的尊重,才能赢得子女内心的尊重和认可,更有利于创造积极健康的家庭环境。

扫一扫,了解更多:
父母培养对孩子尊重意识的
最便捷有效的方式就是经常
对孩子说谢谢

高效亲子沟通的原则

父母和孩子在沟通时,积极乐观的表达孩子更容易接受。首先,父母需要意识到孩子不仅是自己的孩子,更是拥有独立意识的个体。不要把自己的意志强加给孩子,可以多征求孩子的意见,当孩子不愿意在大家面前表现时,不要强求,给孩子一个台阶下,而不是通过强制手段去强迫孩子完成。当孩子的行为得到大家认可时,尝试着鼓励孩子,父母的一句鼓励,能让孩子打心底收获快乐;而一句责骂,却让心里蒙上一层阴影。当我们想要责骂孩子时,不妨换位思考,想一想如果孩子是我们的上司或者朋友,我们还会采用这种表达方式吗?

> 两元钱能捧福彩大奖,一份爱可助弱势群体。
> 其实你有1000万存款,只不过你忘记了取款密码,每输入一次需要2元,一旦正确钱就是你的。不着急,不放弃,心若在,梦就在。
> 中国福利彩票

以上彩票的两个不同的广告语,你更喜欢哪种呢?教育孩子也是如此,如果孩子在心底不能认同和接受父母的教育,就起不到教育的目的。教育孩子时换一种积极乐观的表达方式反而更容易得到孩子的认同。

■ 多用正面的词语,给予孩子鼓励

你怎么这么笨!	思考一下有没有其他的方法。
不好好学习,连扫大街都不要你。	认真读书,将来你可以选择自己想要的生活。
房间像猪窝一样,是人住的吗?	晚饭前把房间收拾干净。
乱画什么,当自己是艺术家,有那个本事吗?	喜欢画画吗?咱们周末办个家庭画展吧?
……	……
当孩子表现良好时,请给予鼓励和表扬,倘若连父母都不愿意去表扬、鼓励自己的孩子,他们又能从学校、社会获得多少正能量呢?	

在教育孩子时,把孩子的行为和态度分开。当把孩子的行为和态度联系在一起时,父母更容易情绪失控,说出更多的伤害话语。当让孩子写作

业、做家务时，直接告诉孩子"吃完饭，记得把桌子收拾一下"就已经足够，不必再多一句"反正你在家一天到晚都不干正事"。当孩子每次吃完饭后都记得收拾碗筷，自然就能养成良好的习惯，父母多加一句抱怨，只能让孩子讨厌做家务。期望孩子转变态度很难，但是每一次的行为改变都为态度的改变打下基础，把孩子的行为和态度联系起来，只能让孩子受到更多的伤害，更加拒绝做出父母期望的行为。

■ 注重行为，而不是态度

父母：考试就考了这一点分，丢不丢人？这么简单的题目，看看你做成了什么样子！

子女：（沉默）

父母：说你呢！不吱声什么意思？考试考不好，还不让人说，什么态度？

子女：上课有的地方没听懂，题目不会。

父母：不会，人家怎么会做？你看邻家李雷，你们一个班的，他怎么听得懂，什么都会？人家差一点就考满分了。看看你，两门加一起不如他一门多。

子女：我语文还比他多考2分。

父母：还学会讲理了。从小到大，我们给你提供最好的教育条件，家里事情一点也不让你操心，你还不认真学习，你对得起我们吗？

子女：（继续沉默）

父母：从今天开始电视一分钟也不能看了，以后再也不要和萱萱玩了。

……

如果父母把孩子的沉默、辩解都和孩子的态度联系起来，就对孩子越想越气，越气越严格管教，而越严格管教越让孩子反感学习。孩子遇到困难时，更希望获得父母的帮助，而不是无端的指责甚至谩骂。当孩子犯了错或遇到困难时，父母应该就事论事，专注于眼下帮助孩子纠正错误、克服困难，而不是纠结子女的态度,翻老底,新账老账一块算。

父母:"你们班主任说最近你学习成绩下降了,爸爸妈妈最近太忙,没有及时给你提供帮助,真是对不起。你觉得最近学习哪里最困难呢?你看爸爸妈妈怎样才能帮到你?"

子女:"最近老师讲得太快了,好多都没有听懂。"

父母:"原来如此,那你落下的知识打算怎么解决?"

子女:"也没有落下多少,有的部分我已经问过老师了,还有的问了同学,差不多都没啥问题了。"

父母:"要不周末你喊萱萱来家里一起学习吧,她好像最近学得还不错,爸妈请你们一起看电影,怎么样?"

子女:"真的吗?爸爸,我爱你!"

父母:"当然了。这次没考好,没关系的,我相信咱家闺女努力学习后,成绩肯定没问题。不过,要记得看书哦。"

子女:"知道啦!"

……

自尊的需求促使每个人都渴望被关注、被接纳、被尊重,追求和呈现一种良好的社会形象。尽管青少年思维不够成熟,但是他们已经具备了对与错、好与坏的判断标准,很多道理无须多言他们也都懂。当子女成绩下滑或者做错事情时,他们内心已经开始反思自省。父母需要做的只是给予他们引导和帮助,激发他们的内在动机去主动改变。有时候只要稍微变通一下教育的方式,反而更有利于子女接受父母的指导和帮助,更利于教育目的的实现。

第15章
社会实践是成长必不可少的过程

社会教育也是教育的重要组成

　　父母根据自己的经验,为孩子规划成长道路,或许是子承父业,接受家族生意;或许是学习舞蹈、艺术,成为一个明星;或许是努力学习,考上名牌大学,找一份体面的工作……但是每个孩子都是一个独立的个体,都需要探索属于自己的人生,因此时不时就会偏离父母规划好的路线。于是父母对孩子说:"我不想你走弯路,吃我们吃过的苦。"父母指给孩子的道路,尽管少了些许坎坷,但是这条路只是父母走过的路,甚至连父母也没有走过,孩子怎么能知道这是人生的捷径呢? 不走过曲折的弯路,不多跌倒过几次,他们不会理解父母经验的宝贵。毕竟走过的才是他们真实的人生。人一生的教育需要经历三个阶段:家庭教育、学校教育和社会教育,每个阶段都有着各自的教育重点和目的。随着子女年龄的增长,家庭教育的作用逐渐降低,社会教育的比重逐渐增大。当孩子进入小学高年级后,就应该逐渐放手,让孩子慢慢参与到社会生活中,在社会环境和社会实践中让他们的社会意识得到成长和培养。社会教育的缺失则会导致在家庭中父母对子女的教育行为得不到他们的尊重和认同,亲子冲突增多;在学校里他们不善于表现自己,难以融入集体生活,生活单调;成年后进入社会需要花费更多的时间和精力调整心态,适应社会。当子女逐渐长大后,父母就应该学会放手,在家庭教育的实践中,父母应当创造能够展示青少年独特技能和能力的机会,帮助他们制定个人目标并逐渐取得进步,鼓励他们参与社会活动,增强现实问题的解决能力。

■ 社会实践缺乏导致亲子冲突增加

"母亲这一生活着都是为了你,你知不知道?"

"母亲这一生都是为了你,你知不知道?"很多父母都有这样的疑惑,自己为孩子的成长倾注毕生的心血,但子女却一点也不能理解自己的苦衷。不养儿,不知父母恩。子女成年后有了自己的家庭和孩子,他们就容易明白和理解当年父母养育自己的恩情。仁、孝、礼、义四个字每个人都不陌生,但是真正做到对这四个字的理解,只能依赖于自己的亲身实践。只有孩子真正在社会中体验到酸甜苦辣,受挫困顿时,他们才能明白父母的不易,理解父母经验的宝贵,懂得接受父母的指导以少走弯路。

图片来源:乐视网《芈月传》第50集

过度干涉是心理健康的杀手

必要的行为限制是孩子自尊成长、内在动机培养、情感控制发展必不可少的,是培养情感智商的重要手段。对孩子的成长进行管束,并不是意味着子女的一言一行都要按照父母的期望行事,尽管这样会让父母感到轻松,但是在这种环境下成长的儿童,通常消极体验,自尊水平低,对生命和人生缺乏积极的认知。随着子女年龄的增长,倘若父母没有及时改变教育方式,给予他们更多的自由和尊重,父母仍然监管孩子的一切,随意干涉孩子的隐私,甚至对他们的行踪也要密切注视,只会减弱孩子对自己的尊重和信任,不利于孩子健康成长的同时也让父母体验到不被子女理解和认同的无奈和失落。据调查显示,父母对孩子成长过度干预,儿童更容易产生心理问题,出现自残和放弃生命的风险升高5倍,进入青春期后,亲子冲突和家庭矛盾频发，成年后离婚率更高。父母在为孩子的未来操劳时，不能一切都围绕着孩子，应对孩子行为适当干预，正向引导孩子的成长。

另一方面儿童青少年所接受的知识多数来自于书本、学校，缺乏社会实践就会导致他们对问题的认知停留在理论上而非实际中。社会实践缺乏也使得他们缺少对某些情感最直接的体验，导致他们没有储备更多的心理资源进行自我调节和社会适应。倘若20岁前被灌输的观念是最大的成功是考入大学，最大的失败是成绩下降，进入社会后他们就会感受到社会的残酷和无奈，需要花费更多的时间来融入社会。

对孩子的管束就像给气球充气，如果没有任何约束，气充得太满会容易胀破；约束太严，一个没有气的气球毫无价值；只有气充得不多也不少，才会兼具观赏性与安全性。

父母在给孩子创造良好的学习、生活环境的基础上，也应适当学会放手，给孩子提供实践的机会，允许孩子碰壁，走一些弯路。成长并不意味着只有喜悦、成功、鲜花和掌声，挫折、失败、沮丧、无奈也是成长重要组成部分。社会实践经验为孩子的成长提供了丰富的素材，给儿童青少年提供了解决真实问题的机会，当他们体验到所处的世界和心目中的世界并不全然相同时，更能体会社会复杂性、提高解决真实世界问题的能力。在每一次的社会实践中，他们体验到的如成功、失望、愤怒、无助等情感都成为他们成长的无形资本，同时也能对自己的能力和缺点有更加清楚的认知，为实现自己的梦想主动学习更多的技能和知识。在他们离开校园，走进社会后，知识技能的储备让他们更有创造力和竞争力，情感资源的经历和时间经验的积累促进他们更好地适应社会。

溺爱是成长的慢性毒药

与上文所提到的教育方式相比，还有一部分父母给孩子套上了"爱的枷锁"。他们操劳孩子的一切,陪伴孩子读书至深夜,不让孩子做任何家务,对孩子饭来张口、衣来伸手。在父母看来是在表达对子女的爱,但实质上却是在剥夺孩子独立成长的权利。孩子两三岁就有了自我意识,他们更愿意通过自己的努力获得成人的认可和欣赏。如果父母对孩子的生活起居大包大揽,穿衣脱鞋、收拾玩具、洗手洗脸都由父母完成,就会助长儿童的自我意识,压制社会意识发展。当孩子表达自己的意见时,总是以孩子太小为理由让孩子听从家长安排的态度会让孩子体验不到尊重,抑制孩子自尊的发展,最终就会导致孩子依赖性强,性格变得懦弱。

长期生活在父母"爱的枷锁"下,本该孩子承担的历练,被父母代为解决,等孩子上学后,离开家庭的生活环境,就会表现得难以融入和适应。国外一项调查表明,溺爱环境中成长的儿童更容易受到同龄人的排斥和校园暴力的伤害。父母爱孩子,在家庭中能够为孩子撑起全方位保护伞,可是孩子毕竟要走进校园,融入社会,在父母爱不能及的地方,溺爱中成长的孩子诸多技能的缺失就成了他们的枷锁。在学龄前期,父母就可以选择适当的放手,尝试着让孩子经历"磨难",不要让孩子成为只能在温室绽放的花朵,毕竟社会才是他们的舞台和天地。

■ 儿童青少年缺乏生活历练的表现

- 自私自利,不站在他人角度考虑问题
- 自立能力差,生活懒散
- 暴饮暴食,缺乏锻炼
- 性格骄横跋扈,目无尊长
- 缺乏主见,信赖父母
- 意志薄弱,朝三暮四

社会实践有助于学业表现

进入青少年期，"社会化"是孩子成长的主要任务。学校是进行社会化教育的主要机构，在学校里，他们学习基本知识技能，促进智力发展，掌握社会技能；学习对社会规则的遵从，培养更高层次的道德意识，建立积极的人生观和价值观。同时学校还兼具筛选作用，决定学生今后发展和职业生涯。然而在我国现有国情下，学校和家庭更注重孩子的学业成绩。调查显示，约75%的青少年每周用于课外活动的时间少于10个小时。

认为学生的时间有限，社会实践就是浪费时间其实是一个认知的误区。社会实践对青少年的紧张学习生活提供很好的调节作用，有助于他们缓解压力；社会实践给青少年提供了超越课本的丰富经验和素材，有助于他们对抽象概念的理解和知识迁移；社会实践给他们提供了解决真实问题的机会，促进智力尤其是情感智力的发展。很多学生在进入初中后，一方面遇到学习问题，一方面又读到很多名人的励志鸡汤，慢慢地产生了不需要学习也能获得成功的错误认识，于是他们渴望走向社会，逃离学校。如果父母此时加强了对孩子的管束，进行更多的说教，就有可能增加亲子冲突，导致孩子更加厌学。不如适当地放手，给孩子提供社会实践的机会，摆一次地摊或者运营一个网店，都能让孩子对自身和社会有更加深刻的理解，更能明白知识的重要性。倘若孩子在社会实践中的某个领域表现出极好的天赋，这何尝不是一件喜事，可以给孩子多一个职业选择机会。有的时候学会放手更有利于他们的成长，毕竟父母只能陪孩子走完人生中的一段！

扫一扫，了解更多：
应该让孩子做的五件"危险"的事情

正如在第一节中所遇到的问题：

孩子十三岁，自尊心很强，什么事别人都说不得，也碰不得，好好教导的话，也误以为在批评他，嫌家里人太啰唆。自己也不自觉，学习成绩一般，没有学习目标、方向。真不知道该怎么办？

青少年的思维不够成熟，有时候甚至是幼稚可笑的，他们以为读过一点书，了解得比父母多那么一点点，就觉得了解整个世界。特别是在当今互联网时代，信息的传播不再有地域的限制，青少们轻而易举就能获得丰富的信息，使得他们的知识储备量在某些方面远远超过父母。于是他们就停留在自己臆想的世界里，碌碌无为而又不思进取，极不愿意接受父母的指导和帮助，也不主动去改变和成长。此时父母是无奈而又伤心，打骂怕伤及孩子的自尊，放任孩子不管又担心孩子的前途和未来。

何不尝试通过社会实践的方式来进行教育呢？让孩子去感受一下深山中孩子对知识的渴望，或者让孩子进行一个月的暑期兼职，或者让他们去尝试和挑战自己的兴趣和爱好……这都有助于让他们在真实的社会环境中重新审视自己。

当父母感觉付出不被孩子理解时，面对孩子无能为力时，与孩子之间出现代沟，沟通不畅时，请尝试着放手，给孩子多一些独立的空间，创造一些社会实践的机会。父母可以通过让孩子参加义卖、做社区志愿者，培养孩子的社会责任感；通过让孩子做兼职暑期工作、盘地毯、回收旧衣物等，培养孩子积极的价值观；鼓励孩子策划家庭旅游、组织家庭聚会，培养孩子分析解决真实问题的能力。

社会课堂对儿童青少年的情感智力发展有着决定性的改变。孩子越早接触社会，越能促进其智力尤其是情感智力的发展。情感智力的提升不仅仅有助于丰富他们的情感体验，让他们更加容易理解父母，更能意识到学业和知识的重要性；同时，丰富的社会阅历和情感利用能力的提高也有助于他们跳出心理舒适区，积极面对遇到的学业、情感、心理、职业困难，在提高学业的同时，为其职业发展创造更多的机遇。

■ 成长是自我意识和社会意识不断完善的过程

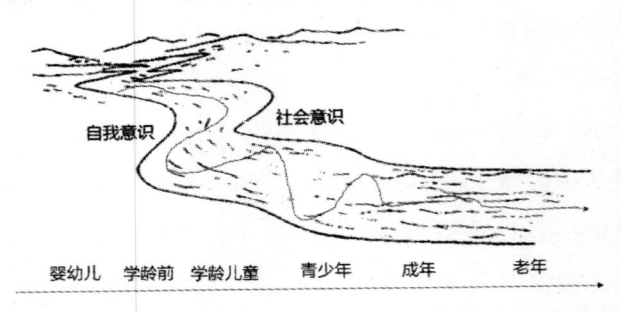

自我意识和社会意识构成了个人生命长河的两岸。成长过程就是自我意识和社会意识不断完善的过程。社会实践是社会意识成长的必经步骤。社会经历的缺乏则会导致自尊心敏感、脆弱、社会适应性差。

在生命的早期经历中,家庭给他们提供了生活的基本物质保障并教会他们基本的生活技能。父母开启了他们的智力发展大门,让他们的语言、运动、情绪等技能逐渐得到展现,具备了参与社会生活的基础。而后家庭又教会他们基本的行为规范以及基本的道德意识和价值观,在探索自我的过程中积极地融入社会,不断调节自我和社会意识,最终从懵懂无知的天真孩童成长为意气风发的睿智少年。儿童青少年的成长注定是不平凡的历程,而家庭奠定了儿童一生发展的基础!

参考文献

1. Shaffer, David R. . Social and personality development[M]. 6th ed. Belmont:Brooks/Cole Pub, 2009.
2. 姚本先,何军. 家庭因素对儿童社会化发展影响的研究综述[J]. 心理发展与教育,1994,02:44-48.
2. 卫根泉. 论家庭因素对儿童社会化发展的影响[J]. 兰州教育学院学报,2000,04:48-50+55.

3. 徐慧,张建新,张梅玲. 家庭教养方式对儿童社会化发展影响的研究综述[J]. 心理科学,2008,04:940-942+959.

4. 陈莉. 家庭教养方式与儿童社会化——家庭教养方式误区及其成因分析[J]. 幼儿教育(教育科学版),2007,12:49-52

5. Baumeister, R. F., Campbell, J. D., Krueger, J. I., et al. Does High Self-Esteem Cause Better Performance, Interpersonal Success, Happiness, or Healthier Lifestyles?[J]. Psychological Science in the Public Interest, 2003, 4(1):1-44.

6. Orth U., Robbins R. W.. The development of self-esteem[J]. Current Directions in Psychological Science, 2014, 23(5):381-387.

7. 安培培. 亲子关系与青少年社会化[J]. 山西高等学校社会科学学报,2010,03:12-14.

8. 刘双,张向葵. 儿童早期自尊的行为观察研究[J]. 心理与行为研究,2010,02:81-87+105.

9. 王颖,何国平,王广平. 儿童早期问题行为及其干预研究[J]. 护理研究,2009,11:945-947.

10. 董志明. 自尊的结构及发展研究[D]. 华中师范大学,2006.

11. 张雪纯. 我国青少年自尊的影响因素[J]. 开封教育学院学报,2014,02:185-186.

12. 唐日新,解军,林崇德. 自尊水平划分方法与青少年自尊的现状[J]. 心理科学,2006,03:550-552.

13. 田录梅,张向葵. 高自尊的异质性研究述评[J]. 心理科学进展,2006,05:704-709.

14. 周慧渊. 自尊与防御机制使用关系研究[D]. 浙江大学,2008.

15. 张利增. 中学生语言暴力的调查研究[J]. 当代教育科学,2010,02:51-52.

16. Bradshaw, C. P., Rodgers, C. R., et al. Social-cognitive mediators of the

association between community violence exposure and aggressive behavior[J]. School Psychology Quarterly, 2008, 24: 199-210.
17. Durlak, J. A., Weissberg, R. P., & Pachan, M.. A meta-analysis of after-school programs that seek to promote personal and social skills in children and adolescents[J]. American Journal of Community Psychology, 2010, 45: 294-309.
18. Bear, g. g.. School discipline and self-discipline: A practical guide to promoting student prosocial behavior[M]. New York: Guilford., 2010
19. 郭猛. 教育教学中的语言暴力问题探析[J]. 淮南职业技术学院学报, 2012, 02:55-58.
20. 邓海峰. 中学生社会实践活动的中外比较研究[D]. 河南大学, 2013.
21. 王聪, 姚梅林, 郭芳芳, 等. 社会服务实践对中学生公民行动意向的影响——社会服务观念的中介作用[J]. 心理发展与教育, 2013, 03: 277-284.